改正民法のはなし

内田 貴

一般財団法人 民事法務協会

はしがき

　契約にかかわる領域を中心とした，民法の抜本改正を目的とする改正法が2017年に成立し，2020年4月から施行されました。制定以来120年ぶりとなる，民法の中核領域の抜本改正です。本書は，私が雑誌『民事法務』に12回にわたって連載したこの改正についての解説に加筆修正をしたものです。

　私は，勤務していた東京大学を2007年に退職し，2014年まで法務省で参与としてこの民法改正を担当しました。常勤職員であった7年間の前後も非常勤参与として改正にかかわりましたので，法務省での仕事は8年半に及びます。その経験に基づいて，改正民法についての文章を『民事法務』誌に連載しました。

　『民事法務』は，一般財団法人民事法務協会が発行している機関誌です。法務局関係者を中心に，民事法務行政にかかわる方々に広く読まれています。私の連載記事は，掲載誌の性格からも，改正民法の論点を網羅的に解説するものというより，興味深い論点をピックアップして，改正民法の特色を分かりやすく解説することを目的としたものでした。これが比較的好評でしたので，改正民法に関心のある方々に広く読んでいただけるように，加筆修正して書物にまとめたのが本書です。

　従って，本書は，改正民法の全体をバランスよく解説した本ではなく，改正の重要なトピックスを，読み物として読んでいただけるように解説したものです。より詳しい改正内容については，もっと詳しい解説書を調べていただく必要がありますが，その前提となる背景事情の理解や概括的な知識が得られるように配慮しました。

　ここで，『民事法務』を発行している一般財団法人民事法務協会について，ひと言，紹介しておきます。民事法務協会は1971年に財団法人（当初の名称は登記協会）として設立され，その後，不動産登記の電子化作業に延べ20年にわたって貢献するなどしたのち，公益法人改革に伴って2012

年に一般財団法人となりました。現在は3つの事業を主な業務としています。第1に，国から受託した法務局での窓口業務（乙号事務と呼ばれます），第2に，登記情報をオンラインで提供する「登記情報提供サービス」で，法務省の指定法人となっています。そして第3に，成年後見事業です。最後の成年後見事業は，2009年から法人後見人として成年後見や任意後見の受任を開始し，これまで約150件の案件を受任しています。

　私は2016年に，前任の新堂幸司先生からこの財団法人の会長職を引き継ぎました。

　本書をまとめるにあたっては，元有斐閣常務取締役の酒井久雄さんに，編集のほか製作全般について大変お世話になりました。酒井さんは，私がまだ二十代の頃，最初の著書（『抵当権と利用権』有斐閣，1983年）を担当していただいて以来のおつきあいですが，今回無理をお願いして，また本書で大変お世話になりました。心からお礼を申し上げたいと思います。

　本書が，改正民法の理解を持っていただくうえで多少なりともお役に立てば幸いです。

内田 貴

【文献案内】

　民法（債権関係）改正に関する解説書は夥しく出版されていますが，立案担当者の執筆したものとして，

・筒井健夫＝村松秀樹編著『一問一答　民法（債権関係）改正』（商事法務，2018年）が信頼できる解説書です。同様に立案担当者が執筆したものとして，保証と定型約款については次の書物が有用です。

・筒井健夫＝村松秀樹＝脇村真治＝松尾博憲『Q＆A　改正債権法と保証実務』（金融財政事情研究会，2019年）

・村松秀樹＝松尾博憲『定型約款の実務Q＆A』（商事法務，2018年）

　また，債権総則に関する改正内容（本書の第1，3，4，6章，及び第10章）については，拙著『民法Ⅲ（第4版）』（東京大学出版会，2020年）もご参照ください。

【凡例】

・年号は初出以外は西暦に統一しました。

・条文は，2017（平成29）年改正前のものは「旧」を，改正後のものは「新」を冒頭に付けて区別し，改正前後で変わらないものは，これらを付けずに表記しました。ただし，改正前後で変わっていないことを強調する必要があるときは「新・旧」を付けました。

目次

第6章　債権譲渡

第7章　解除と危険負担

第8章　「瑕疵担保責任」から債務不履行責任へ

第9章　分かりやすい民法──総則編

第10章 分かりやすい民法――債権編総則

第11章 分かりやすい民法――契約総則

第12章 分かりやすい民法――典型契約

第1章 改正作業のはじまりと改正の思想

1 改正の経緯

■121年ぶりの抜本改正

契約にかかわる規定を中心に民法を抜本改正する民法改正法は，2015（平成27）年３月末に法案が国会に提出され，2017（平成29）年５月26日に可決成立しました。経済界等からの強い要請で３年近い準備期間を置いたうえで，2020（令和２）年４月１日から施行されています。

民法という法典は，財産法と呼ばれる部分（民法第１～３編）と家族法と呼ばれる部分（第４・５編）から成り立っていて，もともと両者は別々の法律でした。今回改正の対象となった財産法部分が成立したのは1896（明治29）年ですから，成立時で数えると121年ぶりの抜本改正です。世紀の大改正であることがお分かりいただけるかと思います。

日本は幕末に欧米列強といわゆる不平等条約を締結しましたが，これを改正することが明治政府の最大の懸案事項でした。しかし，そのための前提条件として，西洋式の近代的な法制度を整備することが要求されたため，明治政府は大急ぎで西洋式の法典を制定しました。民法はその中の代表的なものです。穂積陳重，富井政章，梅謙次郎の３人の法学者が起草者といわれますが，「起草者」の意味が西洋とは異なります。フランスやドイツの民法起草者は，自国の社会や実務，あるいは学問の中にある規範を条文化する作業をしたのですが，日本の場合は，明治政府が雇った，いわゆる「お雇い外国人」であるフランス人法学者ボワソナードが起草した**旧民法**を下敷きに，これを修正する形で，ドイツを中心とする先進的な民法の成果を取り込む作業をしました。日本の慣習を踏まえた規定もなくはありませんが，日本民法の起草者が行なったことは，主として，フランスやドイツを中心とする西洋の民法の最先端の成果を日本に導入するということでした。つまり，ヨーロッパからの法典継受を担う役割を果たしたのです。

■改正の意義

　しかし，今回の民法改正は，どこか外国の進んだ民法を見倣ったというものではありません。民法施行以来1世紀以上の間に，日本の実務が形成し，蓄積してきた条文の外にあるルールを法典の中に明文化するということが，改正の主要な部分を占めます。また，単に判例法を明文化するにとどまらず，明治時代以来1世紀あまりの間の日本社会の変化や経済の拡大発展を踏まえて，現代社会に相応しい規範を探求して条文化したという面もあります。

　つまり，自分たちの経験に基づいて自前の改正をした，という点が重要です。これまで，非西洋国の民法は，日本を含め，すべて西洋の民法や民法に相当する法律をモデルに作られてきました。非西洋世界の中でいち早く近代化に成功し，民法の運用経験を1世紀以上持っている国は日本しかなく，その自分たちの長い実務経験の中から規範を抽出して条文を作るという自前の全面改正をした国は，他には存在しません。その意味で，国際的に見ても，今回の改正は重要な意味を持っているのです。

■改正作業の経緯

　改正作業は，法務省が2006（平成18）年に改正の要否についての検討に着手した時からスタートしました。その年，私は，法務省の非常勤参与となって改正作業にかかわり，翌2007年にはそれまで勤務していた東京大学を退職して法務省の職員となり，常勤参与として改正を担当することになりました。同時に，2006年10月から「民法（債権法）改正検討委員会」（以下「検討委員会」と呼びます）という学者グループを組織し，事務局長として，学界の水準を示せるような案を作る作業に関わりました。その成果は，2009年3月に**『債権法改正の基本方針』**（以下『基本方針』で引用）として公表されました。

　その後，改正に向けての審議を行なう機が熟したとの判断から，2009年10月に民法の債権関係の規定の見直しが法務大臣から法制審議会に諮問されました。諮問を行なったのは，折からの政権交代で政権を担うこと

2

になった民主党の千葉景子法務大臣です。その**諮問88号**は次のように述べています。

　　「民事基本法典である民法のうち債権関係の規定について，同法制
　　定以来の社会・経済の変化への対応を図り，国民一般に分かりやすい
　　ものとする等の観点から，国民の日常生活や経済活動にかかわりの深
　　い契約に関する規定を中心に見直しを行う必要があると思われるの
　　で，その要綱を示されたい。」

　つまり，社会・経済の変化への対応を図ること，及び，国民一般に分かりやすいものとすること，この２つが改正の大きな目標ということになります。

　この諮問に応じて，法制審議会に**民法（債権関係）部会**が設置されて，11月から法制審議会の審議が始まりました。私も部会の委員としてこれに参加するとともに，事務当局の原案作りに関与しました。５年あまりの充実した審議を経て，2015年２月に改正要綱が法制審議会から法務大臣に答申され，それに沿った法案が同年３月に通常国会に提出されました。

　しかし，民法改正法案は他の法案の審議をめぐる混乱の余波で，２度の通常国会で一度も審議されることなく継続審議となり，ようやく2016年の臨時国会で審議入りし，衆参あわせて60時間を超える審議を経て，テロ等準備罪を設ける法案に背中を押されるようにして，ようやく2017年５月に成立したというわけです。参議院の採決では民進党（当時）だけが反対しましたが，前身の民主党が政権にあったときに諮問し，その諮問に沿った改正法案が提出されたにもかかわらず政治的理由で反対したことは，何とも残念なことです。

2　改正の思想について

■はじめに

　本書は，改正民法の内容を体系的・網羅的に解説する本ではありません。改正のエッセンスをできるだけ分かりやすく伝えることを目的としています。本書の構成も，そのような本書の意図にそくして組み立てています。

　まず，第1章では，「改正の思想」をめぐる対立について触れたいと思います。今回の改正の論点は多岐にわたり，統一的な思想に基づいて改正法が作られたわけではありません。しかし，いくつかの重要論点で，今回の改正を象徴するような思想的対立が見られました。いったいどのような対立があり，それが改正法の中でどのように決着したのか。それをご紹介して，改正作業の背後にあった空気を感じ取っていただこうと思います。

■契約中心主義？

　法制審議会が動き始める前に，いくつかの学者グループが改正案を出しましたが，なかでも，前述の検討委員会が2年半の集中的な作業を経てとりまとめた『基本方針』は，考え得るすべての論点について現在の学界のひとつの到達点を示す案であったといってよいと思います。「基本方針」という名称が使われているのは，条文そのものの起草には特有の専門的技術的な要素が必要となるので，条文起草の前提となる立法政策を提案しようという趣旨です。つまり，『基本方針』で使われた文言自体を条文に採用すべきだという提案ではなく，そこに表現された政策をもとに条文を起草すべきだという提案です。

　このグループには，私を含め34名の学者が参加しました。法務省で改正を担当する参事官も参加しましたが，これは法務省での改正作業の準備のために，学者の議論を聞くという目的で参加したもので，検討委員会はあくまで学者のプロジェクトでした。このように学者だけのグループが組織されたことには，その後批判もありましたが，当時，債権法の改正について議論していたのは学界だけで，実務界には民法の契約ルールを抜本的

に見直すという議論は全く存在しませんでした。しかし，学界には10年以上前から議論の蓄積がありましたので，まず，学界から改正の要否について問題提起をしようとしたのです。

　検討委員会には原案作りを担当する5つの準備会があり，各3人の学者と私と法務省の参事官がメンバーでした。この準備会で原案作りを担った15人の学者は，第一線で活躍する中堅世代の民法学者の中から，力量本位で私が学界内外のいろいろな方々と相談しながら選びましたが，決して特定の考え方の人達を集めたわけではありません。しかし，あとで振り返ると，そこには現在の民法学界の主たる潮流といってよい思想がある程度共有されていたように思えます。それは，ときに**契約中心主義**などと呼ばれることもある，当事者の合意内容をできるだけ尊重して契約ルールを作るという思想でした。

■ 契約の趣旨

　『基本方針』の改正提案には，当事者の合意内容を尊重するという思想をあらわす表現として，**契約の趣旨**という言葉がしばしば使われています。一例として，履行不能の規定を取り上げてみましょう。

　たとえば，A社が，自らが輸入するP国の会社の商品甲を100個，Bに売却する契約を結んだとします。ところが，P国でクーデタが発生し，空港も港も閉鎖されて，Bの需要に間に合うタイミングで商品甲を輸入しようとすると，内陸の難路を通って他国を経由して運ぶしかなく，運送料は10倍に膨らみます。このとき，A社のBに対する引渡債務はどうなるでしょうか。

　このような場面に適用される規定として，『基本方針』では次のような規定を置くことが提案されました。

　　「履行が不可能な場合その他履行をすることが契約の趣旨に照らして債務者に合理的に期待できない場合，債権者は，債務者に対して履行を請求することができない。」

履行が不能なら債務の履行を免れる，という通説的な考え方をとりつつ，不能かどうかはあくまで当事者が何を合意したかに基づいて決まるという発想に立った規定です。こうした契約中心の考え方に対しては，いちいち分厚い契約書を作ってこまごまと合意しなければいけなくなるのではないか，という批判もありました。しかし，これは誤解です。現在の裁判実務においては，当事者が明確に合意していないことについても，契約を解釈することで内容を補い，もし当事者が交渉していたならばこういう合意をするのではないかといった内容を補って，判断することがしばしば見られます。その裁判実務を条文に反映しようということであって，契約を中心に考えるといっても，契約書を作ることを奨励する趣旨ではありません。それに，客観的に見て物理的に不能ではないというだけの理由で，当事者がそこまで無理をすることなど想定していなかったような履行を強いるのは不合理というべきでしょう。

このような学者の提言を受けて，法制審議会の審議が始まって3年あまり経過した時点でとりまとめられた「中間試案」[1]には，「契約の趣旨」という言葉がたくさん使われていました（中間試案本文には48ヵ所で登場します）。ところが，このように「契約の趣旨」を頻繁に援用することに対しては，実務法曹から異論が出されました。実務家の感覚からすれば，こうでしょう。

「現実には明確な合意などないことが多いのに，『契約の趣旨』から判断せよというのは，意思を重視する学問的立場からのフィクションではないか。」

「実際は，契約の解釈といいながら，社会のなかで共有されている常識に基づいて判断しているのだから，むしろそのことを条文に書くべきであって，契約重視というのは現実に即していない。」

そこで，弁護士会からは，**社会通念**を考慮することも書き込むべきだと主張されました。

1　「民法（債権関係）の改正に関する中間試案」
　（http://www.moj.go.jp/content/000112242.pdf）

■取引上の社会通念

　ところで，今回の改正法のように内閣から国会に提出する法案は，必ず内閣法制局の審査を経なければなりません。法制審議会でせっかく改正要綱を作っても，それが法制局審査を通らないと内閣から提出する法案（「閣法」と呼ばれます）にできませんので，法務省の事務当局は，法制審議会の審議と並行して，内閣法制局との調整を行ないます。この過程で，内閣法制局は，「趣旨」という言葉に引っかかりました。既存の法文には「契約の性質」や「契約の目的」という言葉が存在しますが，それらの表現とどう違うのか不明確だとして，条文に用いることに難色を示したのです。

　以上のような経過を経て，中間試案に入っていた「契約の趣旨」という表現は，その後すべて姿を消し，多くは，端的に「契約」に置き換えられました。同時に，契約と並んで「取引上の社会通念」を考慮要素として加えるという修正が行なわれました。

　履行不能について，最終的に法律となった条文は次のように定めています。

　　「債務の履行が契約その他の債務の発生原因及び取引上の社会通念
　　に照らして不能であるときは，債権者は，その債務の履行を請求する
　　ことができない」（新412条の2　第1項）。

　「その他の債務の発生原因」というのは，契約以外の債務発生原因（事務管理・不当利得・不法行為）のことです。この条文は債権総則に置かれる規定であることから，契約だけではなく，他の発生原因から生じた債務にも適用されることによる表現です。それを別とすれば，「契約の趣旨」が「**契約及び取引上の社会通念**」に置き換わっていいます。「趣旨」を削除し，契約と並べて社会通念が考慮されることを明示したのです。

　改正民法には，「取引上の社会通念」が9カ所登場します。うち4カ所（400条，412条の2，415条，483条）は「契約その他の債務の発生原因」（「債務」の部分は「債権」となることもあります）と並び，1カ所は「法律

行為の目的」(95条。実質は「契約の目的」というのと同じです），１カ所は「その契約及び」(541条)と並んでいます。ここには，あくまで合意を重視するか，それとも合意の外にある客観的な事情をも重視するかの，基本的な思想についてのバトルの跡が残されているのです。

　もっとも，客観的な事情といっても，当事者が予想もしなかったような社会通念を持ち出して裁判官が契約内容に介入することを認める趣旨ではありません。社会通念は，あくまで当事者の取引の前提となったものでなければなりません。「取引上の」という限定は，それを意味しています。その意味では，「契約の趣旨」という言葉がもともと意図していた内容と実質的な違いがあるわけではないと思います。しかし，「契約」というか「社会通念」というかは，表現だけに尽きない思想の違いを内包しているのです。

　ちなみに，私自身の民法理論はというと，実は，前記の弁護士会の主張に近いのです。改正のまとめ役であった私は，検討委員会においても法制審議会の部会においても，審議の過程で自説を主張しませんでした。しかし，様々な意見を調整した結果として生まれた条文は，私の理論から見ても，違和感のないものになったと考えています。

■「履行不能」にみる改正の思想

　改正前の民法では，「契約の趣旨」はもちろん，「債務の発生原因」や「社会通念」という言葉も使われていません。考慮要素を含めた詳しい規定が置かれていなかったためです。そもそも，民法には，履行が不能なときに履行請求権がどうなるかを定めた規定すらなかったのです。これまでの履行不能の場合のルールは，民法学者が解釈論として述べていたことで，法律家は，学者の書いた体系書を読んで，履行不能が債務者の帰責事由なしに生ずれば債務は消滅し，帰責事由があれば債務不履行による損害賠償債務に変わるという従来の通説を学んでいました。しかし，解釈論といいながら，これは条文を読んでも出てこない解釈でした。ドイツなどの民法にある規定を参考に学者が述べていたに過ぎません。それほど日本の民法に

は基本的な規定が欠けていました。

　今回の改正の目的のひとつは，諮問88号にあるとおり，民法を「国民一般に分かりやすいものとする」ことです。学者の書いた体系書を読んだ法律家には分っているから条文に書かなくてもよい，というのでは国民目線の民法とはいえません。そこで，履行が不能なときは履行しなくてよいが，損害賠償責任を負うことがある（これは新415条に定められています）ということが分かるようにしたうえで，不能の判断基準もきちんと示すことにしたのです。今回の改正にはこの種のものが少なくありませんが，国民から見れば一歩前進と評価してよいのではないかと思います。

■ 原始的不能の場合

　ところで，かつての通説は，契約成立時にすでに不能であった債務は**原始的不能**であり，原始的に不能な債務は無効である，と説いていました。しかし，考えてみると，債務者が目的物を必ず引き渡すと約束したのに，引渡しの債務が不能になった時期が契約成立時より前か後かで効果がまったく異なり，後であれば帰責事由のある債務者には責任が生ずるけれど，前であったら債務者は一切の責任を免れるというのはおかしいと思われます。かつての通説がこのような解釈を採用したのは，ドイツの一時期の学説に依拠したためですが，今日ではドイツを含め，国際的にそのような考え方はとられていません。そこで，次のような規定を置いて，そのことを明示することにしました。

　　「契約に基づく債務の履行がその契約の成立の時に不能であったこ
　　とは，（中略）その履行の不能によって生じた損害の賠償を請求する
　　ことを妨げない。」（新412条の2第2項）

　これは，かつての通説の不備を改め，新しい原則を国民一般に分かりやすく示すための新設規定です。

第2章から第5章までは，今回の改正の4大論点と呼ばれる改正事項を取り上げます。消滅時効，法定利率，保証，定型約款です。これらは，法務省が政治家などから改正内容についての説明を求められたときに取り上げていた論点で，改正の内容もその必要性も比較的分かりやすい重要な論点です。

第2章 消滅時効

1 実務が変わる論点

■ 日本民法の消滅時効

　今回の民法改正は，確立した判例法や解釈ルールを明文化するなど，民法制定以来百年以上に及ぶ日本の実務の蓄積を条文に反映させることに重点が置かれています。このため，大規模な改正といっても，実務を変えなければならないような論点は多くありません。しかし，いくつか，これまでの実務が変わる論点があります。債権の消滅時効も，そのような論点のひとつです。

　改正前の民法は，債権は権利を行使することができる時から10年が経過すると，時効によって消滅すると定めていました。また商法には，商行為によって生じた債権の時効期間を 5 年とする特則が置かれていました。存在する権利が，時間の経過によって消えてしまうというのは大胆な制度です。このため，「時間がたてば債務の履行を免れるのは不道徳ではないか」という考え方は古くから根強く存在しました。しかし，余りに長期間経過すると，権利があるのかどうか（すでに弁済したのかどうか）も分からなくなるので，かえって紛争がこじれてしまいます。そこで，一世代30年たてば債権を行使できないことにしよう，というのがヨーロッパのかつての考え方でした。

　日本でも，フランス人ボワソナードが起草した**旧民法**（1890年公布）ではこれが導入されました。しかし，旧民法への反発が強くて**法典論争**と呼ばれる論争に発展し，結局，施行されることなく，日本人起草者の手で全面的に修正することになりました。その過程で，日本人起草者たちは30年は長いので20年を原案としました。しかし，衆議院の審議で，それでも長すぎるとして10年に短縮されたという経緯があります（こうして修正されて1898年に施行された民法は**明治民法**と呼ばれ，2004年に現代語化さ

れるまで，カタカナ文語体の古風な法典が生き延びました）。

■ 発想の転換

　しかし，その後，日本民法の母法国であるフランスやドイツをはじめ
とするヨーロッパ諸国では，債権の消滅時効に関する発想が大きく転換し
ます。取引のスピードがかつてより格段に速くなっている今日，権利者が
容易に行使できる権利を長らく放置することを許すのは，社会全体にとっ
てもコストだと考えられるようになったのです。その背景には，時効消滅
を回避するために債権者がとりうる手段が整備され，権利の行使も容易に
なったという制度的な理由もあります。そこで，ドイツでは2002年の改
正で30年の時効期間を一気に３年に短縮し，フランスでも５年に短縮す
る改正を2008年に終えています。このような背景のもとで，日本民法の
消滅時効制度も見直されることになりました。

　以下，主要な改正点として５点を取り上げることにします。

2　短期消滅時効の廃止

■ 職業別の時効

　改正前の民法には170条から174条にかけて，１年から３年の職業別の
短期消滅時効の規定が置かれていました。現在では2004年の現代語化に
よって現代語になっていますが，当初は，「産婆」「棟梁」「居職人」「塾主」
「師匠」「木戸銭」等々に関する規定が並んでいました。もともとは，ヨー
ロッパの古い慣習に由来する規定で，ヨーロッパの民法に規定されていた
のをそのまま継受したものですが，すでに母法国のフランスやドイツにお
いても合理性を失っているとして廃止されています。まして，そのような
慣習もなかった日本では，その不合理さは明らかです。

　たとえば，旧173条２号は「自己の技能を用い，注文を受けて，物を製
作し又は自己の仕事場で他人のために仕事をすることを業とする者の仕事
に関する債権」が２年の時効にかかると規定しています。文字通り読めば，

これは一定の請負契約の報酬債権を2年としているようにみえます。しかし，これらの請負報酬債権を他の請負報酬債権と区別して原則的な時効期間（民事債権10年，商事債権5年）より短くする合理的理由が説明できません。

実は，この規定の表現は，2004年の現代語化前のオリジナルの条文では「居職人及ヒ製造人ノ仕事ニ関スル債権」と表現されていました。居職人とは，仕事先に出かけていって仕事をする左官屋や植木職人のような「出職人」に対する言葉で，床屋やクリーニング屋を指す言葉でした。そういう職人の債権を早く決着させようとした規定だったのです。

このため，近代的な機械設備を備えた印刷業者の報酬債権の時効が争われた事件では，当該印刷業者は「職人」とはいえないから173条2号の債権に当たらないと述べた判決があります（最判昭和44年10月7日民集23巻10号1753頁）。適用範囲を絞ろうとする解釈的努力なのでしょうが，恣意的な言葉遊びの感すらあります。

しかも，現代語化によって「職人」という言葉が消え，請負を広くカバーするような言葉に変わってしまったため，適用を制限しようとしたせっかくの判例の努力が維持できるかどうかも分からなくなっていました。

ちなみに，旧173条1号は「生産者，卸売商人又は小売商人」の売却代金債権が2年の時効にかかるとしていますが，こちらはプロの商人のための特則として短くしたのだと説明されています。しかし，同じ条文の1号はプロだから短くしたといい，2号は前近代的な小規模事業者だから短くしたというわけです。説明もちぐはぐで，全く合理的説明ができていませんでした。

また，旧172条は「弁護士，弁護士法人又は公証人」の職務に関する債権の時効期間を2年と定めていますが，なぜ司法書士，公認会計士，税理士，行政書士などと区別するのか説明がつきません。

そもそも短期消滅時効が適用されるのかどうか判断の困難な事例も少なくなく，この制度のために時効管理にコストがかかっていました。

そこで，これら職業別の短期消滅時効の規定は廃止することが提案され，

この点についてはあまり異論はありませんでした。

3　原則的時効期間の変更

■時効期間の短縮

　単に職業別短期消滅時効を廃止するだけですと，1年から3年の短期時効が適用されていた債権の時効は，商事債権は5年，民事債権は10年ということになります。しかし，職業別に時効期間を定めることに合理性がないとしても，それらの債権の時効期間が短かすぎるという不満が大きかったわけではありませんので，1〜3年が10年になるのはいかにも長すぎる変更です。

　そこで，短期消滅時効が適用されていた債権の時効期間を若干伸ばして統一し，他方で，これまでの10年の原則的時効期間を短くすることができれば，すべての債権の時効期間を統一することができ，時効管理のコストが格段に小さくなります。もっとも，原則的時効期間が短くなった結果，知らないうちに時効が完成して債権の行使ができなくなるという事態は避ける必要があります。

　そこで，改正法では，原則的時効期間を短縮する代わりに，債権者が債権の行使ができることを知らないかぎり，時効が進行しないという制度を採用することにしました。すなわち，「権利を行使することができることを知った時」（**主観的起算点**といいます）から起算して5年の期間に消滅時効を統合することにしたのです。ただ，それだけですと，権利の行使ができることを知らない限り時効にかからないことになって，それも不都合です。そこで，法律上，権利を行使することができる時（**客観的起算点**といいます）から10年という従来の消滅時効も存続することとし，2本立てにすることになりました（新166条）。主観的起算点，客観的起算点の2本立ては，不法行為による損害賠償債権について，主観的起算点から3年，客観的起算点から20年とされている（724条）のと同じであり，もともと民法にあった仕組です。

■審議過程の異論

　このような改正に対しては，当初，弁護士会から強い反対がありました。反対の理由は，たとえば親族間のお金の貸し借りなど，あっという間に10年くらい経過してしまうので，原則的な時効期間を10年より短くするのは支障があるということでした。

　しかし，起算点を主観化すれば，短期化に伴う不都合は相当程度軽減されますし，後述のように，時効の完成を猶予する制度を拡充することで，短期化に伴う実際上の不都合は，事実上解消できるように思われます。

　それに，改正前の民法では，商事債権はすべて5年の時効に服していましたので，それに短期消滅時効の特則が適用される債権を除くと，原則的時効期間の10年が適用されていたのは，主に個人間の貸金債権や不当利得返還債権などでした。すべての債権の時効期間を統合することによる大きなメリットを犠牲にして，これらの債権のために原則の10年を維持する実際上の必要性がどこまであるのかは疑問です。こうして弁護士会も，時効期間の5年への統合を最終的に支持することになりました。

　このほか，消費者保護の立場からは，事業者の消費者に対する債権は短期の時効に服すべきで，そのような短期消滅時効を創設すべきだとも主張されましたが，経済界の反対で採用されませんでした。

　他方，経済界を中心に，主観的起算点の導入に対して懸念が表明されました。これまで客観的起算点が適用されてきた実務に混乱が生ずるのではないか，というのです。これに対しては，次のような反論がされました。改正前の民法においても，不法行為による損害賠償債権の消滅時効には主観的起算点が適用されてきましたが，これは，債権発生の要件（不法行為の成立要件など）が満たされているのかどうか分からない場合や，債務者（加害者）が誰であるか分からないような場合には，時効が進行しないようにするという趣旨です。これに対して，商取引上の債権は，債権の発生の有無や履行期は通常明確ですので，それを債権者が知らないということは考えにくく，主観的起算点と客観的起算点が一致する場合がほとんどです。つまり，主観的起算点になったからといって，商事債権について実務

に支障が生ずるとは考えられないのです。逆に，主観的起算点と客観的起算点がずれるような場合，たとえば，債務不履行の事実が債権者に知られていなかったような場合は，債権者が債権を行使できることを知らないうちに時効が進行するのは，商取引においても不都合です。

　こうした点への理解が進み，最終的にコンセンサスが形成されました。

■不法行為法の改正

　不法行為による損害賠償債権の時効については，時効期間の変更はありませんが，若干の修正が加えられました。724条の20年について，従来，判例は除斥期間としてきました。これは当事者の行動によっては進行を止められない期間です。しかし，近時はそれに対する批判が強く，最高裁判決も解釈上の工夫で除斥期間とすることの不都合を回避しようとしてきました（最判平成10年6月12日民集52巻4号1087頁，最判平成21年4月28日民集63巻4号853頁）。最高裁の平成21年4月28日判決では田原睦夫裁判官が少数意見を書き，時効と考えるべきことを述べていました。

　そこで，20年についても時効期間であることを明示する改正が行なわれました（新724条）。これによって，例外的な事態が起きれば時効の完成が猶予されますし，債務の存在が判明すれば（改正前の「時効中断」事由），それまで進行した時効期間はリセットされ，時効は新たに進行を始めることになります（時効期間の更新⇒5）。

4　人身損害の特例

　以上が原則ですが，重要な特則が設けられました。それが生命・身体の侵害による損害賠償債権の時効です。これについては，客観的起算点からの時効の期間を20年に延長したのです（新167条）。

　従来，安全配慮義務違反の事件や医療過誤事件のように，損害賠償請求権を債務不履行で構成することも不法行為で構成することも可能な事案では，いずれの法律構成を採用するかにより消滅時効の期間が異なっていま

した。そもそも，安全配慮義務という法律構成は，不法行為による損害賠償債権が旧724条の3年の消滅時効にかかったために，債務不履行で構成すべく考案されたものです。しかし，立法論としては，法律構成によって消滅時効の期間を変える政策上の必要性はありません。

　以上のような不都合が生じているのは，人身損害の場面ですので，改正法では，生命・身体の侵害による損害賠償債権について，債務不履行であれ不法行為であれ，主観的起算点から5年，客観的起算点から20年に統一することになったのです。債務不履行による損害賠償の場合，短期の方は原則的時効期間と変わりませんが，主観的起算点を柔軟に解釈することによって不都合は回避できると思います（安全配慮義務に関するリーディングケースとされる最判昭和58年5月27日民集37巻4号477頁は，本来，そのような対応がなされるべき事件であったと思います）。不法行為による損害賠償の場合は，短期の時効期間が延びることになります（新724条の2）。

　このように人身損害の賠償債権を保護することは，殺人の公訴時効廃止（死刑を上限とする場合）など，人身に対する保護を強調する近年の流れとも合致しますので，あまり異論はありませんでした。当初は，短期の方を10年，長期を30年とする提案もありましたが，これには経済界が反対しましたので，5年20年に落ち着きました。

　人身損害の賠償債権の時効期間を長くすることは，原則的時効期間を短期化することに反対していた弁護士会が5年の時効期間を受けいれる条件でした。弁護士会が主張していた主観的起算点からの時効の長期化は実現しませんでしたが，主観的起算点は，前述の通り，不当な帰結が生じないように柔軟に解釈することが可能ですので，被害者保護の実務の要請には応えられるのではないかと思います。今後は，事業所での事故などについても，時効を理由に法律構成を操作する必要はなくなります。

5 中断・停止の整理と用語変更

■用語の不都合

　改正前の民法には，時効について「中断」「停止」と呼ばれる制度がありました。たとえば，旧147条は「請求」が中断事由であると定め，また旧161条は，天災などにより時効を中断する措置をとることができない場合のために，一定期間時効を止める停止という制度を置いています。

　しかし，中断という言葉は大変分りにくい言葉です。日本語の中断という言葉は，「雨天のためにプロ野球の試合を中断する」といった場面のように，中断事由があれば試合の進行が止まり，中断事由が終了すれば試合が再開するような場面で使われます。しかし，消滅時効の場合は，中断事由が終了した時から時効期間がリセットされてゼロから進行が始まります。つまり，中断という用語が，それまで進行した時効時間がリセットされるという効果とマッチしていません。しかも，中断事由が続いている間は時効が完成しないという効果も中断の効果に含めているため，非常に分かりにくくなっているのです。

　このような分かりにくい用語が採用されたのは，西洋の時効制度の沿革に由来します（中断とい言葉は西洋語の文字通りの翻訳でした）。しかし，母法国でも用語の不備が認識され，ドイツでは用語を変更しました。

　改正法では，日本語としてより分かりやすい表現に改めることとし，中断で表現されている効果のうち，新たな時効の進行が開始する点は**時効の更新**に，中断の効果のうちの，中断事由が生じている間は時効が完成しないという効果は，改正前の「停止」とあわせて，**時効の完成猶予**に改めることにしました。

■「請求」の場合

　「請求」を例にとって説明しておきましょう。

　改正前の旧147条は「請求」を中断事由としていましたが，裁判外の請求は含んでおらず（それは旧153条の「催告」となります），裁判上の請求

を意味しています。しかし，そのことは条文からは分かりません。しかも，旧147条は「請求」により時効が「中断する」と書いていますが，裁判上の請求，たとえば訴えの提起は，その時点で時効の進行がリセットされるのではありません。訴訟が進行して確定判決が出れば，旧174条の2によって新たな時効の進行が始まるのです。それまで時効が完成しないことも「中断」の効果ですが，このことも条文からは明瞭ではありませんでした。

　また，改正前の民法は，裁判上の請求（訴えの提起）があっても，訴えの却下や取下げの場合には「時効の中断の効力を生じない」と定めていました（旧149条）。文字通り読めば，訴えが却下されれば時効中断の効力が始めから生じなかったことになるようにみえます。その結果，裁判の途中で時効は完成していたということになりかねません。しかし，それでは結果が不当なので，判例は，裁判上の請求に**裁判上の催告**としての効力を認め，訴訟が続いている間（裁判上の請求という中断事由が生じている間）は催告が続いていて時効が完成せず，却下や取下げにより手続が終了した時は，その時点から6ヵ月以内に催告に関する旧153条所定の手続をとれば時効が中断するものとしていました。

　しかし，これは判例によって民法に付け加えられた新たなルールなので，条文から読み取ることはできません。そこで，「裁判上の催告」に関する判例法理を明文化し，「裁判上の催告」としての効力が認められる事由の範囲についても明確にする必要があります。

　新147条は，裁判上の請求やそれに相当する手続の開始（支払督促，和解若しくは調停，破産手続参加等）は，手続が進行している間は時効の完成を猶予する効果を持つことがわかるようにしたうえで（同条1項），判決が確定せず手続が終了したときは，終了時から6ヵ月間，時効の完成が猶予されるというルールを書き込みました（1項柱書の括弧の中から読み取れます）。

　そのうえで，確定判決またはそれと同一の効力を有するものによって権利が確定したときは，時効期間が新たに進行する（時効が更新される）ことを明確にしました（新147条2項）。

6 協議による完成猶予

■制度の必要性

　消滅時効の改正の目玉のひとつが，**協議による完成猶予**の新設です。今回の改正論点のなかでは，珍しく，部会に出ておられるどの分野の方からも，改正が提案された当初から原則的に支持がありました。

　従来は，当事者が権利義務をめぐる争いを自発的に解決するために協議をしていても，時効の完成間際になると，その完成を阻止するという目的だけのために訴えを提起して時効を中断する措置をとる必要がありました。それでは不都合ですので，協議の継続中は時効が完成しないようにする制度が求められていました。

　ただ，このような制度の必要性については異論がないものの，実際に導入するとなると技術的な問題が生じます。いつ協議が始まったのか，あるいはそもそもそのような趣旨の協議が行なわれているのかどうかについて，当事者の理解が食い違ったらどうするのか。また，当事者が望めば永遠に協議を続けて時効の完成を阻止することも認めていいのか，等々です。

■改正法の内容

　そこで改正法は，協議の存否を明確にするため，協議を行なう旨の合意を書面ですることを要件とした上で，時効の完成が猶予される期間についても法律で定めることにしました。すなわち，①協議の合意があった時から１年を経過した時（新151条１項１号），②当事者が１年未満の協議を行なう期間を定めた場合は，その期間を経過した時（同項２号），③協議が開始しても，当事者の一方が相手方に対して協議の続行を拒絶する旨の書面による通知をした時から６ヵ月を経過した時（同項３号）のいずれか早い時までです。

　すでに協議している当事者が，さらに協議を継続する必要がある場合には，協議を行なう旨の合意によって時効の完成が猶予されている間に，改めて協議の合意をすることができます。また，当事者の一方がいったん拒

絶の通知をしたものの，その後に翻意して協議を再開することもあり得ますが，拒絶の通知後6ヵ月を経過するまでの間（つまり時効の完成が猶予されている間）に改めて協議の合意をした場合にも，新たな合意の時から1年間，時効の完成が猶予されることとしました（新151条2項本文）。

　もっとも，協議の合意による時効の完成猶予の効力を無制限に認めるのは，合意によって時効制度を排除するのと同じです。これは認めるべきではありませんので，時効の完成猶予の効力は，当初の協議の合意によって時効の完成が猶予されなかったとすれば時効期間が満了するはずだった時から起算して最長で5年に限ることとしました（新151条2項ただし書）。

　以上が消滅時効制度の改正内容の概要です。当初はいろいろ異論もありましたが，最終的に法制審議会の民法（債権関係）部会でコンセンサスを形成することができました。この改正により，債権の時効管理は，これまでより格段にしやすくなることと思います。

1 なぜ改正が必要か

　かつて，東京証券取引所（以下，東証といいます。現在は，日本取引所グループ傘下の取引所です）でこんな事件がありました。

　ある証券会社の担当者が，新規上場株を61万円で1株売り出すべきところ，コンピュータに1円で61万株売るという入力をしました。証券会社のコンピュータには，異常な発注を知らせる表示がされたのですが，担当者は誤作動だと思って注文を実行してしまいました。この売り注文に対して買いが殺到し，誤りに気づいた証券会社は直ちに取消しの操作をしました。ところが，東証のコンピュータソフトに，いくつかの条件が重なると例外的に取消しを認識できないバグがあり，今回がまさにそれに該当したので，取消しができませんでした。やむを得ず証券会社は大量の買い注文を出すことで売り注文を打ち消しましたが，結局400億円余りの損害が生じました。

　証券会社は，コンピュータで取消し操作ができなかったのは東証側のシステムの欠陥が原因だとして東証に400億円余りの損害賠償の請求をしました。これに対して東証は，もともとは証券会社側の人為的ミスによるもので，責任はないと争いました。一審の東京地裁は，過失相殺などの結果，東証に100億円余りの賠償責任を認める判決を出しました。これに対して証券会社も東証も控訴しましたが，他方で，東証はその100億余りを直ちに支払ったのです。責任はないと争っていたのに，なぜ支払ったのでしょうか。

　その理由は，もし訴訟が上告審まで進み，数年後にこの賠償額が維持されたとすると，不法行為による損害賠償については，支払義務が生じた時点から法定利率による遅延損害金の支払義務が生じます。民法上の法定利率は年5％ですので，東証は過去に遡って年5％の利息を付けて損害賠償

を支払わされることになります。その利息の支払を避けるためでした。

　実際の訴訟は提訴から最高裁判決の確定まで約９年かかりましたので，賠償額100億円として（実際の訴訟でも一審の金額が確定しました），提訴時から単純に計算しても45億円以上の利息になります。しかし，今の時代，100億円について９年で45億円の利益を生むような運用は極めて困難です。このリスクを避けるために東証は支払ったのです。

　このように，自分に責任はないと信じて正当な主張をしている当事者も，法定利率の高さゆえにこのような行動をとらざるを得ない現状があります。東証のように一審の賠償額を払えればいいですが，資力のない当事者だとすると，法定利率のリスクを背負って訴訟をすることになります。これは，訴訟を長引かせれば長引かせるほど債権者（原告）に有利になることを意味します。金利負担を避けるために意に反する和解に応じざるをえない被告もいるでしょう。

　もちろん，以上は損害賠償責任が認められる場合の話です。仮に控訴して東証に責任はないとの判決が出ると，今度は仮払いを受けていた証券会社が同じく法定利率で利息を付けて返さなければなりませんから，同じリスクを背負うことになります。このような問題が生ずる原因は，法定利率が市場金利からかけ離れていることにあります。

　これに対しては，不法行為の加害者は悪いことをしたのだから，損害賠償に高額の利息を払わされても仕方がない，といえるでしょうか。しかし，仮に加害者に責められるべき点があるとしても，その責任は賠償額の算定に反映しています。それに加えて，正当に裁判で争っていた間の遅延利息についてまで高すぎる利率で罰を受けるというのはおかしいのではないでしょうか。

　そこで，法定利率をもっと市場金利に近いものにすべきだ，そして，市場金利は変動するのだから，それに応じて法定利率も変動制にすべきだという議論が生じました。

2 どのように考えるべきか

■制度の沿革

　そもそも，法定利率はどのように決まったのでしょうか。日本の民法ができた19世紀の終わり頃は，日本はこれから成長を始める開発途上国でしたので，金利も高い国でした。そこで，民法上の法定利率は，当時のドイツの法定利率に１％上乗せして５パーセントとし，商取引に適用される商法上の法定利率（商事法定利率）も同様にして６パーセントとしました。その頃も，そしてその後も，５パーセントの法定利率が市場金利と比べて必ずしも高くはないという時代が長く続きました。

　しかし，それから百年以上が経過し，高度成長を遂げた日本の経済は成熟して低成長期に入りましたので，法定利率が市場金利からかけ離れて高いという時代となったのです。では，いま改めて法定利率を定めるとしたら，どのように決めるべきでしょうか。

■望ましい利率

　利率ですぐ思い浮かぶのは，お金を借りる際の利率です。とりわけ，普通の個人や中小企業がお金を借りるときの利率（貸付金利）は，５パーセントを超えることも珍しくありません。では，これとの比較で，現在の法定利率は高すぎない（変更する必要はない）といえるでしょうか。そのような議論が，法制審議会の部会でも出されました。しかし，お金を借りるローン契約の際に，契約で利率を定めないということはまずありません。つまり，通常のローン契約というのは，法定利率が機能する典型的な場面ではないということです。従って，一般の貸付利率に使われることを想定して法定利率を決める，というのは適当とはいえません。

　また，弁済すべき債務の弁済期が来たあと，債務者が弁済を怠っているときに生ずる遅延利息（遅延損害金）は，弁済を促すために高い利率であることが多いのですが，これも，あらかじめ合意で決めておくのが普通です。

　これに対して，冒頭にあげた事例のように，支払義務があるとは思わなかった当事者が過去に遡って利息分を支払う場面は，あらかじめ合意で利率を決めることが期待できません。従って，法定利率は，まずはこのような場面を想定して決めるべきです。そして，そのような場合に，一般の貸付金利や故意に弁済を怠った場合に用いられる遅延損害金の利率を用いるのでは高すぎます。

　では，冒頭の事例のような場面では，利率をどのように考えるべきでしょうか。やはり，通常の人や企業が一般的な運用によって獲得可能な利率を大きく超えるべきではない，といえるでしょう。また，そのような運用利率は経済状況に応じて変動しますので，そのような変動もある程度反映できる制度が望ましいといえるでしょう。

　改正過程ではそのような法定利率が探究されましたが，合意形成は容易ではありませんでした。とりわけ合意形成を難しくした要因のひとつが，いわゆる中間利息控除をめぐる問題でした。

3　中間利息控除の問題

■中間利息とは

　将来手に入れるはずの金銭を現在支払う，という場合，同じ金額では公平ではありません。たとえば，10年後に10万円を手に入れる権利を有する人に，現在10万円支払うと，10年間運用が可能になりますので，10年後には10万円を超える金額になってしまいます。そこで，10年後の10万円を現在価値に置き直すには，10年間に得られる運用利益（これを**中間利息**といいます）を控除する必要があります。これが**中間利息控除**の問題です。中間利息控除が深刻な利害対立を生むのは，人身損害の賠償の場面です。

　たとえば，交通事故で子供が死亡したとき，死亡という損害をどのように賠償額に評価すべきでしょうか。いろいろな考え方がありますが，日本は世界的にも珍しい算定方法を採用しています。すなわち，その子供が学校を終えて就職し，平均的な収入を得ながら働き，平均的な定年年齢で退

職すると仮定したら，一生涯にいくらの収入を得るかを計算し，そこから
生活費を控除して損害額（これを**逸失利益**といいます）としたうえで，本
人は死亡していますので，これを親が相続すると考えて親の損害賠償額
とするのです（これに加えて精神的苦痛に対する慰謝料が請求されます）。
このような賠償額の算定方法については，あまりに仮定に仮定を重ねてい
ることへの批判など，いろいろな意見があります。しかし，とりあえずこ
の実務を前提とすると，将来得るであろう収入を現在価値に置きなおすと
いう操作が必要になります。これが中間利息の控除ですが，そこで使われ
る利率をどうするかという問題があります。未来の利率など予測しようが
ないのですが，とにかく基準を決めないと賠償額の算定ができません。そ
こで最高裁は，法定利率によるという判決を出したのです（最判平成17年
6月14日民集59巻5号983頁）。

　このため，仮に今回の改正で法定利率を5パーセントより低くするとな
ると，中間利息が減るわけですので，交通事故などで支払う逸失利益の賠
償額が大きくなります。このため，法定利率の改正に，損害保険会社が強
い危惧を表明しました。まして，その利率が変動するとなると，その都度，
保険料について複雑な計算をやり直さなければならず，大きなコスト増に
つながると危機感を抱いたのです。

■逸失利益算定のあり方

　そもそも，逸失利益の算定は，人の生命という損害をどのように金銭に
置き換えるかという難しい問題にかかわります。現在の実務のように，あ
たかも人間を収入を生み出す機械のように考え，工場の機械を壊された人
が，それによって蒙った損害を計算するのと同じ計算方法を用いるのがい
いのか，という点に根本的な疑問があります。

　逸失利益の賠償は，生命侵害以外にも，働いている人が怪我をして労働
能力を失ったときにも問題となりますが，外国では年金方式の所も多く，
そうすれば中間利息控除の問題は生じません。また，仮に，賠償額を現在
価値に置きなおして一時金で支払うとしても，そこで問題となる中間利息

は，将来の運用利率にかかわる問題ですので，現在の金利状況を反映している法定利率とは別に考える余地もあります。

　しかし，今回の改正は契約法を対象としたもので，人身損害の賠償額をどのように考えるかという問題を全く議論していません。そこで，この問題を根本的に考え直すのは，将来のいつか，不法行為法の改正が議論されるときにして，とりあえず今回の改正では，現在の最高裁判決を前提とした賠償実務を変更しないようにしようということになりました。このため，法定利率の定め方が，損害賠償額算定の際の中間利息控除に直結することとなったのです。

■ 議論のゆがみ

　このことは，法定利率をめぐる本来の議論をゆがめることになりました。なぜなら，逸失利益の損害賠償がかかわると，不法行為の被害者保護のために活動している弁護士などの実務家からは，法定利率を下げて賠償額を増額することが強く求められ，これに対して，人身損害をめぐる不法行為訴訟で被告側に立つことの多い企業からは，現在の法定利率を維持するよう求められることになったからです。法定利率が本来想定していた場面ではない場面についての議論が，改正の行方を左右しかねない状況となったのです。そして，損害保険会社の業界からは，法定利率が変動することに対する強い懸念が表明され，法制審議会の部会では保険業界からの意見陳述も行なわれました。

　法定利率を市場金利に近づけるという当初の議論は，あくまで冒頭の事例のような場面を想定したもので，不法行為の被害者の賠償額拡大を目的としていたわけではありません。しかし，法定利率が中間利息控除の問題と直結してしまった結果，損害額算定の実務に混乱が生じないようにするために，現在の法定利率からあまりかけ離れない利率で，しかも，変動するとしても極めて安定的な数値を採用する方向に強い政治的圧力がかかることになりました。

4 変動制について

　法定利率の変動制は，ヨーロッパで近年採用されている考え方です。そこでは，小数点以下何桁にもなる利率がタイムリーに変動するという制度が採用されている立法例もあります。計算が複雑にならないかと質問すると，コンピュータがあるのに何が問題なのかと問い返されます。確かに，どんなに法定利率が変動しようと，元本の金額と利息発生の時点を入力すれば，現時点の法定利息の金額を瞬時に算出するソフトなど，簡単に作ることができます。それに，実際には逸失利益の算定の際の中間利息控除の方が計算は複雑ですが，ひとたび実務が確立すると，現在の裁判では何の問題も生じていません。

　とはいえ，現在は法定利率が単純な整数で，暗算も可能なくらいです。それとの比較で，変動制にすると計算が複雑になるという批判は，直感的・感覚的には，変動制に対するマイナスイメージを生み出しました。そのため，変動制とはいいながら，柔軟な固定制といってもよいような制度へと収斂していくことになりました。

5 採用された制度

■緩やかな変動制

　採用されたのは，次のような制度です。

　まず，これまでの高すぎる法定利率について，改正前との連続性をも重視して，これまでの5％より若干低い3％にし（新404条2項），そのうえで，きわめて緩やかな変動制が採用されました。

　簡単に言えば，まず，市中の金利の変動を適切に反映する指標（「基準割合」）を抽出します。その方法としては，日本銀行の公表する国内銀行の貸出約定平均金利の過去5年間の平均を算出し（新404条5項），これを法務省令に従って法務大臣が告示することになりました。次に，この基準割合を3年ごとに見直して，1％以上の変動幅があった場合に限って，

その変動を1パーセント単位で法定利率に反映させることとしました（新404条4項）。

　グラフに例を示しましたが，3年を1期として変動幅をチェックし，たとえば当初の第1期の基準割合が0.7，そこから12年が経過した第5期の基準割合は1.3ですので，差は0.6で，まだ法定利率の変動をもたらす1パーセントに達しません。18年後の第7期に至って基準割合が1.7となったとすると，ここで差が1となりますので，法定利率が当初の3パーセントから4パーセントに引き上げられることになります。そして，以後は，基準割合1.7からの変動をチェックすることになります。

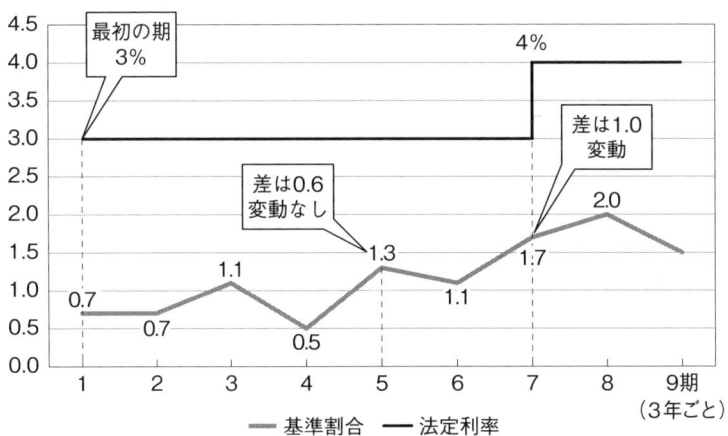

　以上のように，貸出約定金利として金融機関の平均値を使った上で，さらにその5年間の平均値を取り，それが1パーセント以上動かない限り法定利率に反映しないというのですから，これは，ほとんど変動制とはいえません。私が柔軟な固定制と述べたのはそのためです。それでも，コンセンサスの形成は容易ではありませんでした。難航した論点の1つといえるでしょう。

　法制審議会の部会での審議過程では，弁護士会は，基本的に変動させる

べきではないという発想が強く，裁判所からもその方向を暗に支持する発言がありました。これは，整数の数字の法定利率で長年実務をやってきたことによる「法定利率」についての固定観念が改正の議論を支配したということだろうと思います。これに対して，経済界は，実際に現実離れした法定利率の被害を受けているだけに，変動制についても肯定的なスタンスでした。

■適用の基準時

　法定利率の変動制を採用すると，たとえめったに変動しない緩やかな変動制にせよ，利息の生ずるはずの債権について利率の合意がない場合に，いつの時点の法定利率を適用するかの基準時を決める必要があります。改正法は「利息が生じた最初の時点における法定利率」を適用することとしました（新404条１項）。そして，たとえ利息を生ずべき債権（元本債権）が存続する間に法定利率が変動したとしても，適用される法定利率は変わらない，という方式が採用されています。これまで長年にわたって固定された法定利率で実務が運用されてきたことを考慮し，元本債権の存続中に適用される法定利率が変わることによる事務的な負担を回避する，という理由です。

■商事法定利率の廃止

　改正前の商法514条は，商行為によって生じた債務の法定利率を，民法上の法定利率より１パーセント高い６パーセントとしていました。これについても，市場金利との乖離が大きすぎると指摘されてきました。そもそも，民事法定利率と区別して商事法定利率を置く必要があるかどうかが，問題となります。現在では，株式市場，債券市場等の市場が整備され，金融商品取引業者等の仲介業も発達しているため，商人でなくても投資がしやすい環境が整備されています。また，情報化が進み，非商人が商人の利用する情報を取得することも困難ではありません。そのため，商人が当事者となる商取引でなくても，このような市場や情報を活用することにより，

商人と同等の運用利回りを得ることも可能で，商人と非商人との差異はあまりなくなってきています。そうだとすると，商取引だからといって民法上の法定利率より高い運用利回りを得るとは言いがたく，市場金利を反映する民法上の法定利率とは別に商事法定利率を置く合理性はありませんでした。そこで，民法の改正に伴って商事法定利率を定めた商法514条は削除されました。

■中間利息控除

すでに説明しましたように，今回の改正は，人身損害の賠償額の算定方法について，現行実務を変更する意図を含んでいません。しかし，中間利息控除について様々な議論があった中で，改正民法が何も規定しないでいると，現行の実務に何らかの変化をもたらそうとしたとの憶測を生み，実務が不安定化しかねないことが恐れられました。

そこで，中間利息控除について，法定利率を使うという判例を明文化する規定（新417条の2）が置かれました。法定利率制度の改正がこれまでの実務に影響を与えないことを確保するための規定です。

また，法定利率を変動制に改めた場合には，中間利息の控除に用いる割合として，変動することとなった法定利率を用いるのかどうか，用いるとした場合にどの時点の法定利率によるのかといった問題が生じます。この問題を解釈に委ねると，事案や裁判官ごとに中間利息の控除に関する扱い方が分かれる可能性があり，被害者相互間の公平や損害額の予測可能性を確保できないなど大きな問題が生じます。そこで，新417条の2は，損害額の算定における中間利息の控除に際しては損害賠償請求権が発生した時点の法定利率によらなければならない旨を定めました（1項）。なお，同条は債務不履行による損害賠償を想定した規定ですが，不法行為の場合にも同じルールが妥当します。そこで，新722条1項は，新417条の2を不法行為による損害賠償に準用しています。債務不履行や不法行為の後に法定利率の変動が生じた場合であっても，適用される法定利率は変わりません。

なお，中間利息の控除が問題となるのは，将来において取得すべき利益についての損害賠償額を定める場合（逸失利益の賠償）だけではありません。将来負担すべき費用（たとえば将来負担することとなる介護費用）についての損害賠償を請求する際にも問題となります。そこで，新417条の2の第2項は，将来の費用に関する中間利息控除についても同じルールが妥当する旨の規定を置いています（不法行為にも準用されます）。

　以上の，中間利息控除の規定は，法定利率制度の改正に伴う混乱を避ける趣旨で設けられたに過ぎず，将来行なわれる可能性のある損害賠償法の改正に枠をはめる意図ではありません。このことは，法制審議会の部会資料の解説にも書かれています。

第4章 保証[2]

1 注目度ナンバーワン

■弁護士会主導

　保証は，今回の改正で世間的な注目度が最も高く，細部はともかく，大まかな内容は法律の素人の方にとっても理解しやすい論点であったため，国会の衆参両院の法務委員会の審議でも，一番集中的に取り上げられました。

　保証に関する今回の改正の大きな特色は，弁護士会のリードで規定が新設されたということです。今回の民法改正で対象となった論点の多くは，法制審議会の前に作られた学者グループの改正提案で取り上げられていました。とりわけ，検討委員会が作成した『基本方針』は，考えうるすべての論点について改正提案を行なうことをめざしましたので，最終的に採用されなかった提案も多いとはいえ，改正された論点の多くは『基本方針』で取り上げられています。ところが，個人保証人の保護に関する改正事項は，『基本方針』を含め，事前の学者グループの改正提案にはありませんでした。法制審議会の部会審議が始まってから，日本弁護士連合会（日弁連）や各地の弁護士会から積極的に改正案が提示され，それが改正法に反映したのです。まさに実務主導の改正論点といえます。

■保証規定の変貌

　外国には，保証が典型契約として位置づけられている立法例もありますが，日本では，保証に関する規定は，「多数当事者の債権・債務」に関する規律の一環として置かれています。債務者が複数となる場面の1つ，という位置づけです。このため，配置も契約の章ではなく債権総則です。立

2　本章について，詳しくは拙著『民法Ⅲ（第4版）』第12章をご参照ください。

法当初の原始規定は20ヵ条でした。

　その後，商工ローンが社会問題化した際に改正され，2004年に「貸金等根保証契約」についての規定が追加されて４ヵ条増えました。民法施行後百年余りの間の変化はこの程度でした。ところが，今回の改正では，「貸金等根保証契約」と題されていた規定群（「保証債務」と題する款の第２目）の表題が「個人根保証契約」と変更された上，「事業に係る債務についての保証契約の特則」が追加されて，条文数は32ヵ条となり，１ヵ条の文字数も格段に増えました。それだけ立法への要請が大きかった問題だということを物語っています。ただ，内容的には，もっぱら保証「契約」に関する規律ですので，典型契約のひとつとして位置づけるなど，規定の配置も再考すべきだったかもしれません。

　改正をリードした立法政策は，保証人保護に尽きますが，規律が適用される範囲という観点からみると，３つのレベルで保護が強化されました。

2　第１レベル──すべての保証に適用される規律

　第１は，すべての保証について適用される保護で，債権者に課される２つの情報提供義務です。

■履行状況に関する情報提供義務

　保証人が自らの保証債務を適切に履行するためには，主たる債務の履行状況について保証人が知りうる必要があります。しかし，債権者に尋ねても，ことは債務者の個人情報にかかわりますので，守秘義務に抵触することをおそれて，債権者が情報提供を躊躇する可能性があります。そこで，情報提供義務の存在を法律で明記することにしました。

　情報の提供を請求できるのは，債務者から委託を受けて保証をした保証人です。その請求があれば，債権者は，主たる債務者による債務不履行の有無や債務の残額，及び弁済期が到来しているものの額に関する情報を提供しなければなりません（新458条の２）。この規定は，債権者の守秘義務

を免除するところに意味がありますので，保証人が法人であっても適用されます。

　義務違反があったときのサンクションは規定されていません。債務不履行の一般原則に従って損害賠償を請求することは可能なはずですが，損害の証明は簡単ではありません。また，情報提供義務は付随的な義務ですので，義務違反があったからといって直ちに保証契約の解除はできないと思います。しかし，保証人が合理的な態様で（つまり繰り返し執拗にではなく）情報提供を求めたのに，これをあえて拒否するなど，保証人に不信感を抱かせるのも当然だというような態様の義務違反があった場合は，解除が可能な場合もあると思われます。

■ 期限の利益喪失の情報提供義務

　主たる債務者が履行を怠るなどして，期限の利益を失うと，保証人は直ちに履行しなければならず，また，期限の利益喪失を長く知らなかった場合は，高額の遅延損害金を支払わなければならないことになります。そこで，保証人としては，期限の利益喪失に関する情報提供を受ける必要があります。

　ただし，いわゆる機関保証のように保証人が法人である場合は，必要に応じて債権者と合意でこの種の情報提供について定めておくことができます。そこで，新458条の3は，保証人が法人でない場合に，主たる債務者が期限の利益を失ったときは，期限の利益の喪失時から2ヵ月以内に債権者は保証人に対してその旨を通知しなければならないこととしました。その通知を怠ったときは，債権者は，主たる債務者が期限の利益を失った時から実際に通知がされた時までに生じた遅延損害金を保証人に請求することができません。

　義務違反のサンクションについては，保証人との関係で期限の利益が失われないものとする，というルールも検討されましたが，法律関係が複雑になるため採用されませんでした。

■まとめ

　以上の2つの情報提供義務は，部会のごく初期の頃から規定を置くべき
ことが日弁連などから主張されていました。いずれも，以下で説明する第
2レベル，第3レベルの保護と違って，適用される保証の類型を限定して
いません。従って，すべての個人保証に適用されますが，注意を要するの
は，履行状況に関する情報提供義務は，保証人が法人の場合にも適用され
ることです。前述のように，債権者の守秘義務を外すことに眼目がありま
すので，個人保証，法人保証を問わず，必要な規律だからです。

3　第2レベル——個人根保証に適用される規律

　第2のレベルは,個人の根保証一般に適用される保証人保護の規律です。
これも2つあり，いずれも2004年改正で貸金債権を主たる債務に含む根
保証（個人貸金等根保証と呼ばれます）について導入された規律を，貸金
を含まない個人根保証一般に拡張したものです。

■極度額の定め

　まず，極度額を定めなければ保証契約は効力を生じないとする規律を，
個人貸金等根保証だけでなく個人が保証人となる根保証契約（個人根保証
契約）一般に拡大しました（新465条の2）。その結果，たとえば，知人が
アパートを借りるので保証人になったという場合も，極度額の定めが必要
になります。

　不動産賃貸借の保証も，賃借人が賃貸建物に損傷を与えたような場合な
ど，多額の原状回復費用や逸失利益（賃料収入減少分）の損害が生ずる場
合がありますから，本来，危険な保証契約です。そこで，日弁連は極度額
の定めを要件とすることを求める意見書を出していました。今回これが実
現したわけです。

　一般の不動産賃貸借の保証の場合，どの程度の極度額にするのが合理的
か（賃料の数ヵ月分なのか数十ヵ月分なのか等）は，これから相場観が作

られていくことでしょう。

■元本確定事由

　以上に加えて，元本確定事由の規律の一部が個人根保証一般に拡張されました。

　商工ローン問題が社会問題化して保証人保護が図られた2004年改正の際に，個人貸金等根保証については，保証契約の長さ（元本が確定するまでの期間）を，契約で定めているときは最長を５年とし，定めがなければ３年にするという規律が導入されました（旧465条の３）。この規律を個人根保証一般に及ぼすことも議論されましたが，コンセンサスの形成ができませんでした。その理由は，不動産賃貸借の保証について期間を制限すると，賃貸借契約が更新されて続いているのに，保証だけ終了してしまうことになり，賃借人は新たな保証人を見つけないと借り続けることができなくなる恐れが生じてしまうからです。

　そこで改正法では，期間制限の拡張を断念する代わりに（新465条の３は旧規定を文言だけ修正して維持しています），個人貸金等根保証に認められている元本確定事由の一部を個人根保証に拡張することにしました（新465条の４第１項）。具体的には，2004年で主たる債務者や保証人への強制執行・担保権の実行の申立てや破産手続開始決定が元本確定事由とされていましたが（１号２号），このうち，保証人への強制執行・担保権の実行の申立てや破産手続開始決定を，個人根保証一般に拡張しました。保証人の金銭債務についての強制執行の申立てがあった場合，たとえば，差押えの申立てがあったときは，もはや他人の債務の保証どころではありませんので，保証債務の元本はその時点の債務に確定して，保証は終了するのです。

　また，主たる債務者または保証人の死亡を元本確定事由とする規律も，個人貸金等根保証から個人根保証一般に拡張しました（同条１項３号）。個人根保証は主たる債務者と保証人との人的な関係を基礎に置いていることから，相続されないこととしたのです。

　他方で，主たる債務者への強制執行等は，主たる債務に貸金等が含まれ

る根保証契約に限定する改正前の規律が維持されました。たとえば，不動産賃貸借の保証の場合に，賃借人に対して強制執行等の申立てがされたり賃借人が破産手続開始決定を受けたからといって賃貸借契約が終了するわけではありません。それなのに，保証契約の元本が確定してしまうと，その後は保証なしに賃貸することを賃貸人に強いることになって，不都合だからです。

4　第3レベル──事業債務の個人保証に適用される規律

　第3レベルの保護は，事業のために負担する債務（以下「事業債務」と略称します）についての第三者保証に関する保護方策です。もともと日弁連は，事業債務の第三者保証を原則禁止することを求めていました。これは，金融庁が定めている，第三者保証をとらない融資慣行を確立しようという監督指針とも軌を一にしていました。

　しかし，これに対しては，お金を借りる側である中小企業側から，資金調達に支障が生ずると反対が表明されました。その結果，第三者保証の禁止にまでは至りませんでしたが，2つの保証人保護の方策が導入されました。

■ 保証意思宣明公正証書

　第1が，**保証意思宣明公正証書**の要求です。すなわち，保証契約成立時に，公正証書の作成という厳格な方式を踏んで保証意思があることの確認を求めることとなりました。この規律が適用されるのは，主たる債務が事業債務で，かつ貸金等債務を含む場合です。普通保証の場合は，事業のために負担した貸金等債務を主たる債務とする保証契約，根保証の場合は，主たる債務の範囲に事業のために負担する貸金等債務が含まれる根保証契約について，保証締結の前1ヵ月以内に作成された，保証意思があることを述べた公正証書がなければ効力を生じません（新465条の6）。公正証書の作成手続については，次頁をご参照ください。

　この公正証書は保証契約そのものではありません。しかし，この公正証書を作るついでに，保証契約を**執行受諾文言**付で作ると，それが債務名義となって債権者は直ちに保証人の財産に執行できますので，かえって保証人に不利になります。従って，そのような公正証書（**執行証書**）を同時に作ることは，改正の趣旨に反するといえますが，法律上は禁止されていません。実務の運用でそのような公正証書の作成をどこまで抑止できるかが注目されます。

　以上のような，公正証書の作成を要求する規律は，もちろん意思確認に関して公証人を信頼しているから置かれているのですが，同時に，個人保証をとることの負担を増やすことで，可能な限り第三者保証を抑制しようという点にも狙いがあります。地方の金融機関からは，この手続の負担に対する不満が聞こえますが，まさにそれが立法の狙いなのです。事業性融資の第三者保証は，金融庁の監督指針などによってすでに減少しているといわれますが，この規律によって，さらに減少するとの予想もされています。そうなれば，第三者保証を禁止したいという弁護士会の意図は，不完全ではあるにせよ，ある程度は実現するといえるでしょう。

保証意思宣明公正証書の作成手続

　公正証書の作成は次のような方式で行なわれます。保証人になろうとする者は，保証契約の内容と保証人としての負担を負う意思を，法定の事項を公証人に「口授」することで明らかにし，公証人はそれを筆記して読み聞かせ，保証人になろうとする者は，それを承認して署名押印をし，さらに公証人が，法定の方式に従って作成したことを付記して署名押印します。

　これは公正証書遺言の方式にならった手順です。新465条の7は，保証人になろうとする者が口がきけない者等の場合の特則で，これも遺言に準じた規定です。

　口授の内容は，普通保証の場合でいえば，「主たる債務の元本，主たる債務に関する利息，違約金，損害賠償その他その債務に従たる全てのものの定めの有無及びその内容」に加えて，「主たる債務者がその債務を履行

しないときには，その債務の全額について履行する意思（保証人になろうとする者が主たる債務者と連帯して債務を負担しようとするものである場合には，債権者が主たる債務者に対して催告をしたかどうか，主たる債務者がその債務を履行することができるかどうか，又は他に保証人があるかどうかにかかわらず，その全額について履行する意思）を有していること」まで含まれます。つまり，**催告の抗弁**や**検索の抗弁**についてまで理解している旨を述べる必要があります。一般の人が**連帯保証**の意味を理解するのは簡単ではないと思いますが，公証人には，単に書面を棒読みしているのではなく，中身を理解していることを確認することが期待されます。

経営者保証の除外

　保証意思宣明公正証書の作成義務は，経営者保証については除外されます。なぜなら，自分が経営する会社の債務について経営者自身が責任を負わなくてよいとなると，放漫な経営をしかねず，いわゆるモラル・ハザードを防ぐ趣旨から，経営者保証は認めるべきだとされているからです。

　ただ，経営者とは何かという問題があるほか，経営者の配偶者を含めるかどうかをめぐって，法制審議会の部会で議論がありました。

　配偶者を含めよという立場の根拠は，主たる債務者が個人事業主である場合には経営と家計が一般に未分離であることが多く，事業主の配偶者との間で保証契約を締結する必要性が高いと考えられること，もし配偶者保証をとらずにおくと，経営者が個人財産を配偶者に移して経営者保証を骨抜きにする恐れがあること等が挙げられています。これに対して，不当に過大な債務を負わされる恐れのある主体の最たるものが配偶者であり，外国でも保護に値する保証人とされているとして，その保証意思の確認のハードルを下げるとは何事かという反対が部会の研究者には強くありました。

　経営者の範囲については，新465条の9の第1,2号が該当する場合を列挙していますが，配偶者については，同条3号で「主たる債務者が行う事業に現に従事している主たる債務者の配偶者」という限定を加えることで，含めることに落ち着きました。

■ 保証委託時の情報提供義務

　事業債務の保証における保証人保護の方策の第2は，保証委託の際に主たる債務者に情報提供義務を課して，保証の委託を受けた者が正しい判断ができるようにするというルールの導入です。

　保証人がリスクの予測を立てたうえで保証契約を締結するかどうかを判断できるようにするため，個人に対して事業債務の保証を委託するときには，主たる債務者は，その財産及び収支の状況等の情報を提供しなければならないこととしました（新465条の10第1項及び第3項）。普通保証・根保証を問わず，また貸金等債務が含まれている必要もありません。

　第1レベルの保護で述べた，履行状況や期限の利益喪失についての情報提供と異なって，義務の主体が主たる債務者であり，かつ，事業債務についての個人保証の委託の場合に限られます。提供する情報の内容が，主たる債務者の「財産及び収支の状況」，保証を委託する債務以外に「負担している債務の有無並びにその額及び履行状況」，「主たる債務の担保として他に提供し，又は提供しようとするものがあるときは，その旨及びその内容」とされており（1項），主たる債務者の内部情報に属する事柄ですので，そこまで情報を開示するのは危険性の高い保証の委託に限ったわけです。

　なお，情報を提供する義務の主体を債権者とすることも当初は検討されましたが，債権者がどこまで正確な情報を持っているかという問題もあり，債権者の負担とリスクが大きくなりすぎるので，一番情報を持っている債務者本人から情報提供させることになりました。

　義務違反のサンクションは，保証契約の取消しです。義務の主体は債権者ではありませんが，義務違反があると債権者が締結した契約が取り消されるわけです。そのために，保証人の取消権の要件として，情報提供義務違反のために誤認によって保証人が保証契約を締結したことのほか，義務違反を債権者が知り，または知ることができたことを要求しています。これは，第三者による詐欺の規律（新96条2項）と似ています。たとえば，債務者が，「自分の不動産にも抵当権を付けるので保証人に迷惑をかけることはない」と述べたので保証契約を締結したところ，不動産への抵当権

設定は嘘だったという場合，そのような虚偽情報が提供されたことを知っていた，あるいは知り得た債権者との関係では，保証人は保証契約を取り消せるわけです。

以上の情報提供義務が履行されたことについて，債権者に調査義務を課しているわけではありませんが，あとで，義務違反を知り得たといわれる恐れはありますから，債権者としては，法定の情報提供義務が履行されたことを確認してから保証契約を締結するという実務になるのではないかと思います。

■ 比例原則

このほか，法制審議会の部会審議の過程では，フランス法にならって「比例原則」を導入してはどうかという提案がされ，弁護士会からも強い支持がありました。

比例原則とは，一言で言えば，保証人が責任を負う場合も，保証人の資産の範囲に保証債権の請求を限定しようというルールです。ただ，これを機能させるには，保証人の資産の範囲を明らかにする必要がありますが，それをどのようにして調べるのか，保証債務額を限定したあとで隠していた資産が出てきたらどうするのか，等々，多くの問題が指摘され，最終的に改正対象から落ちました。

■ まとめ

保証に関しては，ほかにも改正事項がありますが，最も注目されているのは以上の改正点です。今回の民法改正を全体としてみると，判例法の明文化など確立したルールの明文化が多いのですが，既存の実務を変更することを明確にめざして改正された数少ない論点のうち，代表格が保証に関する改正です。所期の政策目標が実現できているかどうか，改正後の運用を注視する必要があります。

第5章 定型約款

1 一番難航した論点

　今回の改正で一番難航した論点はといえば，文句なしに，約款に関する規定です。法制審議会の審議の当初から規定を置くことに対して経済界に異論が強く，最終盤までコンセンサスは形成できませんでした。

　2015年の法制審議会総会で改正要綱が決定されて大臣に答申される半年前の2014年8月に，そのもとになる要綱仮案が部会で作成されたのですが，その時点で約款は具体的な案を盛り込むことができず，単に「【P】」，つまりペンディング（保留）と表示されている論点でした。要綱仮案の段階で「【P】」であれば，要綱に盛り込まれる可能性は乏しいのが普通です。しかし他方で，学者や消費者サイド，弁護士会は規定を置くことを強く主張し，経済界でも，中小企業団体は規定を置くことを支持していました。また，大企業のなかでも銀行業界は内容次第で支持するというスタンスであり，IT業界にも強く支持する企業がありました。このように，賛否が分かれたうえに双方に有力な支持がありましたので，簡単に論点から落としてしまうと，今回の改正全体に悪影響が及ぶ可能性もありました。そこで，法務省事務当局は，中身を工夫することでなんとか着地点を見いだそうと，粘り強い折衝を続けました。

　法制審議会の部会審議と同時進行していた内閣法制局の審査でも，約款は最大の難関でした。当初，法制局は規定の必要性を疑問視していましたので，時間切れが近づくなか，まさに綱渡りの審査が続きました。

　部会の承認は最終回である2015年2月10日の第99回会議まで持ち越されました。内閣法制局の審査の方は，法務省民事局を挙げての奮闘の結果，1月27日に法制局の事実上の了解が得られ，また同日，最大の反対勢力だった経団連でも，バックアップ会議（法制審議会に出す意見をとりまとめる会議）が改正案を支持する方向となりました。こうして，2月10日の

要綱案決定にこぎ着けることができたのですが，最終盤の水面下の折衝は，まさに手に汗握るドラマでした。

　その過程で，案の中身は着地点を求めて変遷を続け，最後にたどり着いた妥協点については，部会内外の学者のなかには批判的な人が多いのも事実です。しかし，批判があることは，ある意味で健全なことであり，実際に運用してみて本当に問題があるのなら，また改正すればよいのです。もっとも，私の直感としては，成立した規定は意外にうまく運用されるのではないかという気がしています。

2　なにが問題か

　では，約款について，なにが問題で，なぜ新たに規定が必要だったのでしょうか。

■付合契約としての特殊性

　約款は，あらかじめ細かな契約条項が決まっていて，契約の相手方としては，中身の交渉の余地はなく，その約款全体に同意するか契約をしないかの自由しかありません。このため，条項全体に付合するか否かの選択肢しかないという意味で「付合契約」とも呼ばれます。しかも，極めて詳細な条項が用意されていることが多く，内容は専門的技術的で，素人には読んでも理解できません。このため，読まないのが普通です。

　インターネットで買物をする際，小窓に表示される詳細な約款を読まずに「同意する」ボタンをクリックした経験は誰にもあるだろうと思います。また，鉄道やバス，飛行機などの交通機関を利用する際にも約款による契約をしていますが，通常，約款の存在すら意識せず，約款など見たことがない人も多いだろうと思います。

　民法の原則によると，契約は自らの意思で合意することで拘束力が生じます。すべての契約条件について交渉し合意していることが前提です。しかし，約款は，普通は読まないし，読んだところで理解もできないし，理

解したところで内容を交渉する余地がないとすると，普通の契約とは根本
的に性質が違うようにも思えます。個々の条項について通常の意味での合
意はないように思えるからです。このため，約款による契約について，特
別なルールを設けるのが近年の民法の通例です。

■ 3つの対立軸

　どのような特別ルールを置くかについては，第1章で扱った改正の思想
の対立が関わります。

　第1に，合意を重視する思想からは，できるだけ通常の契約に近づけて
考え，たとえ普通は読まないとしても，読もうとする人が読んで契約する
かどうかを判断できる条件が満たされていなければ拘束力を正当化できな
い，と考えます。そこで，契約締結時に約款を相手方に開示する義務（見
ようと思えば見られる状態にする義務）を定め，かつ，約款によって契約
をする旨の合意を要件とすべきだ，と主張します。そして，契約の目的物
や価格のような契約の中心部分については明確な合意があるとしても，約
款に定められた付随的な契約条件については**希薄な合意**しかないので，不
当な条項に拘束されないように不当条項の効力を否定するルールを置くべ
きだということになります。このような考え方は，あくまで通常の契約に
ひきつけて規律しようとするので，**契約アプローチ**と呼ぶことができます。

　第2に，約款による契約は典型的な契約とは異なるのだと割り切って考
える立場があります。契約締結前に約款を読むことを期待できない以上，
事前の開示を厳格に要求する必要はなく，むしろ，不当な条項に拘束され
ないようにする方策を用意する方が実質的に意味がある，と考えます。こ
のような考え方は，約款は当事者の合意を超えた取引の仕組（制度）であ
り，そのようなものとして規制する必要があると考えるので，**制度アプロー
チ**と呼ぶことができます。

　第3に，通常の契約も契約内容のすべてについて明示の合意がないこと
はあり，その場合も黙示の合意を認定して効力を認めているのであって，
約款もその点で通常の契約と異ならないと考える立場があります。この立

場からは，そもそも約款に特有の特則を置く必要などないということになります（**特則不要論**）。

　大企業を中心とする経済界（約款を自ら作って使う側）は当初おおむね特則不要論でした。しかし，なかには，あとで「約款など知らなかったから契約内容にならない」などと言われないようにするために，約款による契約が確実に有効と扱われる要件を法律で定めることはメリットがあると考える企業もありました。そのような立場からは，理論的な説明はどうあれ，実務で受け入れられる範囲内で，きちんとした規律を置いた方がよいと考えていました。

　では，最終的にはどのような規定が，どのような経緯で生まれたのでしょうか。

3　「定型約款」

■用語の由来

　民法に置かれた新たな規律には「**定型約款**」という表題が付き，条文にもこの概念が用いられています。しかし，この言葉は，これまで学界でも実務界でも使われたことのない新奇な概念です。重要な論点について，そのような概念がいきなり条文に使われるのは珍しいと言えます。その誕生の秘話をたどってみましょう。

　約款という言葉はこれまでも実務でしばしば使われてきました。たとえば，大手商社の契約などでは目的物や価格が書かれた書面の裏に，自社で作った詳細な契約条項が小さい文字で印刷されており，**裏面約款**と呼ばれてきました。しかし，商社は，これは相手も読み，交渉の対象となるものだから，民法改正で議論されている約款ではないと主張していました。

　このように，特則不要論をとる業界は，企業間（BtoB）取引で用いられる約款は交渉の対象となるのが建前だから，改正民法の約款ではないことを条文上明確にしてほしいと要望しました。経済界からこのような反応が生じた理由は，新たに規定が置かれることは即ち「規制」だと考えたから

です。検討委員会の『基本方針』など，学者の改正提案に規制色が強かっ
たことも影響しているのでしょう（ヨーロッパでは厳しい規制が存在しま
す）。これに対しては，安心して取引を行なえるように最低限の契約ルー
ルを置くことは，自由の制約としての「規制」とはいえない，という反論
も可能です。しかし，改正民法の約款規定が企業間取引に適用されないこ
とを明らかにせよとの経済界の要望を受け入れないと，とうていコンセン
サスの形成が困難でしたので，事務当局は，企業間取引の裏面約款などで
用いられる「約款」という用語を避けることとし，別の概念で適用対象を
限定しようとしました。当初使われたのが「定型条項」という言葉です（定
型化された条項ですので実質は約款と同じです）。法制審議会の部会でも
しばらくはこの言葉で審議が進行しました。

　ところが審議も最終盤に入った2014年の7月頃に，内閣法制局がこの
言葉に難色を示しました。もともと内閣法制局は約款特有の規律の必要性
を疑問視していましたが，用語については約款でよいではないかというの
です。しかし，この時点で，あとで説明する約款の変更についての規律を
含めた規定の内容が固まりつつありましたので，それらの規律を約款一般
に及ぼす変更は経済界が認めるとは思えませんでした。

　そこで，「約款」という言葉を使いつつ，企業間で使われる約款とは違
うことを示す必要が生じました。立案担当者たちが考えた方策は，**定型取
引**という新たな概念を用いて取引類型から対象を限定し，そこで用いられ
る約款を**定型約款**と呼ぶ，という手法でした。まったく新たな概念です。

■ 契約への組入れ

　では，どのように適用対象を限定したのでしょうか。新548条の2の第
1項は次のように規定しています。

　まず，「ある特定の者が不特定多数の者を相手方として行う取引であっ
て，その内容の全部又は一部が画一的であることがその双方にとって合
理的なもの」を「定型取引」と呼びます。相手方が不特定多数であること
を想定した取引に限定されますので，BtoBの多くの取引は除外されます。

なぜなら，多くのBtoB取引は相手方が特定の少数企業だからです。また，契約内容の全部又は一部が画一的であることが，「双方にとって合理的」であるという限定が付きます。従って，仮にBtoB取引で相手方が不特定多数であっても，力関係からやむを得ず画一的な契約内容になっているような下請契約などは，画一的であることは一方当事者にとって合理性があるだけですから，「双方にとって合理的」とはいえないとして除外されます。

「定型約款」は，そのような取引で用いられる約款です。そのことを，「定型取引において契約の内容とすることを目的としてその特定の者により準備された条項の総体」と定義しています。従って，多数の相手方との画一的処理が合理的といえるような消費者契約やある種の企業間契約（ビジネス用のパッケージソフトのライセンス契約など）に対象が限定されます。銀行の「普通預金規定」なども含まれると解されます。

こうして適用対象を限定した上で，次の２つの場合に，定型取引を行なうことの合意（**定型取引合意**）をした者は，定型約款の個別の条項についても合意をしたものとみなすこととしています。

第１は，「定型約款を契約の内容とする旨の合意をしたとき」（１項１号）です。この合意（**組入れ合意**）を要求するのは契約アプローチにそった要件です。

第２は，「定型約款を準備した者（**定型約款準備者**）があらかじめその定型約款を契約の内容とする旨を相手方に表示していたとき」（１項２号）です。表示によって相手方の同意が黙示にでも認定できれば１号の要件を満たしますから，黙示の合意も認定できない場合をカバーしています。その意味で制度アプローチに基づく要件といえます。契約アプローチの要件を緩和した理由は，適用対象を，契約内容が画一的であることが契約当事者双方にとって合理的な場合に限定したことから，個別の組入れ合意を厳格に要求して約款が契約内容になる人とならない人が混在する事態は望ましくなく，これを避ける手立てを用意する必要があったからです。

なお，２号の表示は，契約の相手方に対して行なうことが前提ですが，

たとえば，鉄道への乗車，バスへの乗車による運送契約で，乗客に対して
逐一，定型約款を契約内容にする旨を表示することは困難です。そこで，
そのような業種については，業法に特則を置くこととしました。鉄道営業
法18条の2（鉄道による旅客運送取引），道路運送法87条（乗合バス等に
よる旅客運送取引）等[3]で，2号の「表示していたとき」は「表示し，又は
公表していたとき」と修正されました。契約相手方への表示でなくてもよ
いという趣旨です。

■約款の開示義務

　以上に述べた表示においては，約款の内容を表示する義務はありません。
しかし，約款を見たいと希望した相手方に対しては，自分が締結する契約
の内容ですから当然見せるべきです。

　新548条の3は，「定型取引合意の前又は定型取引合意の後相当の期間
内に相手方から請求があった場合には」，定型約款準備者は「遅滞なく，
相当な方法でその定型約款の内容を示さなければならない」と定めまし
た。この義務に違反したときのサンクションは2項に規定があり，「定型
約款準備者が定型取引合意の前において前項の請求を拒んだときは，前条
の規定は，適用しない」と定めています。つまり，契約前に見せてくれと
言われたのに見せなかった場合は，個別の条項について合意があったとみ
なされないのです。

　たとえば，目的物や価格など契約の中核部分については明確に合意があ
るけれど，それ以外の契約条件を定めた約款について，見せてくれと請求
したのに結局見せずに契約してしまった，という場合，約款については合
意がないから契約内容にならないのです。従って，その部分は民法等の任
意規定で補充されることになります。

3　他に，軌道法27条の2（路面電車，モノレール等による旅客運送取引），海上運送法32条
　の2（フェリー等による旅客運送取引），航空法134条の3（飛行機による旅客運送取引），
　道路整備特別措置法55条の2（高速道路の通行等に係る取引），電気通信事業法167条の
　2（相互接続通話等）。

ただし，以上の開示義務には２つの例外があります。１つは，すでに定型約款を書面やデータとして提供していた場合は改めて開示する義務はありません。もう１つは，「一時的な通信障害が発生した場合その他正当な事由がある場合」も，開示の義務はありません。

4　不当条項の扱い

■ 実務の明文化

　約款の**不当条項**の規制については，過剰な規制にならないかとの懸念が経済界に強く，規定を置くことへの反対が根強くありました。しかし，現実には，裁判所は民法90条（公序良俗）などを使ってこれまでも不当条項の規制をしてきました。そこで，その趣旨を定型約款に則して明文化することがめざされました。

　新548条の２の第２項は，定型約款の条項のうち「相手方の権利を制限し，または相手方の義務を加重する条項であって，その定型取引の態様及びその実情並びに取引上の社会通念に照らして第１条第２項［信義則］に規定する基本原則に反して相手方の利益を一方的に害すると認められるものについては、合意しなかったものとみなす」と定めています。

　採用されたこの規定の文言は，消費者契約法10条と似ていますが，消費者契約法と違って任意規定を基準とするのではなく，取引の態様，実情，取引上の社会通念といった考慮要素を列挙しています。ここでは，約款であるがために明確な合意のない条項について合意がみなされているという事情や，契約全体のバランスを考慮して不当性を判断することが含意されています。

　不当条項であることの効果は，合意しなかったものとみなされること，つまり契約内容にならないということです。定型約款は，もともと合意のない条項について，画一的であることが合理的だとの理由から合意をしたものとみなしているので，そもそも不当な条項についてまで合意があったとみなす必要がない（不当な条項なのに合意したとみなして，その上で無

効にするのは無駄だ）という判断です。これまでの判例を見ても，当事者の合理的な意思の解釈などの手法を使って，不適切な条項は当事者を拘束しないとの結論を導くものも多く見られます。実質的にこれを条文化する趣旨です。ちなみに，2016年に施行されたフランスの改正民法では，当事者の権利義務の著しい不均衡をもたらす約款条項は「書かれなかったものとみなす」という扱いですので，日本法と同様の効果といえるでしょう。

■ 不意打ち条項

　法制審議会に先行する学者グループの提案では，約款について，不当条項とは別に，不意打ち条項についても契約内容にならない旨の規律を置くという提案が見られました。不意打ち条項とは，条項自体を単体で取り出すと不当条項とはいえなくても，当該契約の内容として含まれていることが合理的に予測できない（つまり不意打ちになる）ような条項です。たとえば，プリンターを買ったつもりでいたら，純正インクカートリッジの定期的な購入契約の条項が約款の細かな規定のなかに入っていたような場合です。インクカートリッジの定期的な購入契約自体は不当な内容とはいえませんが，プリンターの売買契約の約款のなかにそのような付随的な契約を忍び込ませるのは不意打ちです。そこで，外国には不意打ち条項の規制を不当条項とは別に置いている立法例があります。

　しかし，予測できないという基準が曖昧だとか，不当条項と区別できないなどの疑問が提起され，独立に規定を置くことになかなか支持が得られませんでした。そこで，改正民法では，不当条項規制と一本化して規定することとしました。

　たとえば，先に挙げたプリンターの売買契約の例は，まさに548条の2第2項にいう「その定型取引の態様」に照らして1条2項（信義則）に反する場合と評価できます。これにより，不意打ち条項を入れることに抵抗感を持っていた人々との関係では「不意打ち」を意味する目障りな要件は消したうえで，実質は確保しているというのが，立案担当者の意図です。

5　定型約款の変更

■変更規定の由来

　新548条の４は，**定型約款の変更**についての規定です。これは比較法的にも例がなく，またこれまで十分議論が蓄積されてきたわけでもない問題で，法制審議会が始まる前の学者グループの立法提案にもありませんでした。なぜこのような規定が入ったのでしょうか。

　部会の審議が始まって，最初に約款が取り上げられた第11回会議（2010年６月29日）において，全国銀行協会から出ておられた委員が約款の変更についての規定が必要であるとの問題提起をしました。銀行業界は，預金約款などで約款の変更の必要が生ずることが少なからずあり，どのような場合に有効に変更できるかについてのルールが明確になることに大きなメリットを見いだしていました。これを契機に，学者にも規定を入れることへの支持が生まれました。必ずしも経済界のメリットだけを考えた規定とはいえないからです。

　実はこの論点は，学界と実務界の意識のギャップが最も大きかった論点の１つでした。学界では，契約法の一般原則からして，合意によって成立した契約の内容を一方当事者が勝手に変更することなど認められるはずがない，というのが圧倒的多数の考え方でした。そして，そのことは約款による契約でも同じだと考えられていました。ところが，実務では，約款の変更はある種の業界ではしばしば行なわれており，実務界のなかには，理由のある変更は自由にできると考えている人たちも少なからずいました。

　このため，約款の変更の規定を置くという提案は，学者からは本来できないことを認める大胆な提案と見えた反面，ある種の業界からは，これまで自由にできた変更に制限を加える提案と見えました。これだけ見ても，ルールを明確にする実務的な必要性があることは明らかです。

　そのことを感じ取って，学者にも規定を置くことへの支持が生じたのです。これまでルールが全く明確ではありませんでしたので，有効な変更の基準が明確になることは，変更に文句がある当事者としても，異論を述べ

る根拠がハッキリしたという意味でメリットがあるだろうと思います。

■変更の要件

　ただ，いかに実務的必要性があるとはいっても，本来、契約内容を一方的に変更することはできませんので，その例外が認められるのは，単に変更の必要性や合理性といった実質基準に加えて，変更が許容されるタイプの契約であることが必要です。改正民法の定型約款という絞りは，その点も考慮に入れた限定であると評価することができます。

　法制審議会の部会でも活躍された京都大学の山本敬三教授は，約款の変更規定を批判して，変更は「定型約款が用いられる場合に一般的に当てはまることではな」いといい，「相手方が多数ないし不特定である場合であって，個別に契約内容の変更についての同意を得ることが著しく困難であるときに限って認めることが正当化できる」と書いておられます[4]。しかし，そのことは，改正民法の規定からも相当程度導けると思います。不特定多数の相手方を想定してスタートした取引であったけれど（つまり定型取引ではあるけれど），市場での人気がなくて結果的に相手方が多数にはならなかったという場合は，変更への個別合意をとることが困難とはいえなくなりますので，個別合意を経ない「変更の必要性」（1項2号）の要件が欠けて，新548条の4による変更はできないと考えられます（「著しく」困難であることまで要求するかどうかは解釈問題です）。

　他方で，改正法の変更規定の要件は，山本教授が述べておられる以上に厳格であるともいえます。定型取引とは契約内容の「全部又は一部が画一的であることがその双方にとって合理的なもの」に限られます。つまり，変更への個別同意を求める結果，変更に同意する者としない者が混在することが不合理と評価される取引でなければなりません。相手が多数で個別同意を求めることが著しく困難と評価できる場合でも，力関係によって画一的になっているに過ぎない企業間取引は，この要件を満たしません。こ

4　山本敬三「改正民法における『定型約款』の規制とその問題点」消費者法研究3号（2017年）71頁。

れが，企業間取引を適用対象から外せと経済界が求めたことの当然の帰結です。

■実質要件と手続要件

　新548条の４の挙げる変更の要件には実質要件と手続要件があります。実質要件は以下のいずれかを満たすことです。

　第１に，変更が相手方の一般の利益に適合するとき（１項１号）。第２に，変更が，契約をした目的に反せず，かつ，変更の必要性，変更後の内容の相当性，この条の規定により定型約款の変更をすることがある旨の定めの有無及びその内容その他の変更にかかる事情に照らして合理的なものであるとき（１項２号）。

　第１の場合は，画一的な変更により不利益を受ける人がいない場合です。つまり，誰も文句を言うはずがないような場合は，個別の合意は不要だということです。

　第２の場合は，たとえば反社会的勢力でないことを契約の条件に加えるような変更です。反社会的勢力の人にとっては不利益になりますが，契約目的や変更の必要性，相当性に照らして合理的と判断されます。

　変更の必要性があると言えるためには，ある程度の期間継続する契約である必要があります。契約したとたんに変更を言い出すのは，恣意的な変更とみられ，必要性要件が欠けるというべきでしょう。

　１項２号では，「この条の規定により定型約款の変更をすることがある旨定め」を置いていることも考慮要素となっています。しかし，一方的に契約内容を変更できるという条項は，従来は不当条項の典型とされたものです。従って，「一方的に変更できます」という規定を置けば変更しやすくなるというものではありません。しかし，変更の可能性のある事項を限定し，変更の仕方についても本条の要件に合致した合理的な基準が示されているような場合は，その基準に沿った変更が予告されていることになりますから，変更は認められやすくなります。たとえば，ある特定の契約条件について，合理性のある客観的指標が変化すれば，それに連動して変わ

ることが予め定められているような場合です。

　手続要件としては，2項3項で，変更の効力発生時期を定め，かつ変更内容等を「インターネットの利用その他の適切な方法により周知」することが要求されています。とりわけ，1項2号による変更は，変更の効力発生時期の到来までに周知しなければ効力が生じません（3項）。

■ 規定の強行性

　新548条の4が緩やかに適用されることを期待して，自社の約款が定型約款に当たることを期待する企業も少なくないようです。しかし，契約内容の一方的変更が許容されるのは例外的なルールですので，要件の認定は厳格に行なわれると思われます。

　定型約款を変更しないという個別合意は，契約法の原則に戻るだけですから有効ですし，定型約款のなかに本条による変更はしないと明記すれば，それも有効だと思います。他方で，本条の要件を緩和する条項は認められないと解されます。そのような条項は，不当条項に当たるというより，そもそも，本条はそのような方向での逸脱を認めない片面的な強行規定と見るべきだろうと思います。

6　定型約款ではない約款

　改正法は，定型取引・定型約款という概念を用いて適用対象を限定しました。では，定型約款から外れる約款はどのように扱われるのでしょうか。これについては，約款が何を意味するかを含め，すべて解釈に委ねられたというほかありません。

　定型約款ではない約款とは，主として，企業間取引で用いられる定型的な契約条項です。それらは何ら通常の契約とは変わらないという特則不要論に立てば，契約の一般原則で規律されることになります。その結果，黙示であれ合意が認定されなければ，契約内容にはなりませんし，一方当事者が事後的に契約内容を変更することも認められません。

これに対して，これまで学説が論じてきたように，企業間で用いられる約款を含め，約款には特殊性があり，一般の契約とは異なった規律に服すべきだという立場もあります。しかし，それがどのような規律なのかは明らかではありませんし，約款法理なるものも，学説が議論しているだけで，判例を含め法的拘束力を持つルールは確立していません。約款規定を民法に置く意味は，安全で安定した約款取引を実現するために，その規律を明確にする点にこそありました。

　しかし，改正法の規定が適用されることを嫌う経済界への配慮から適用対象が限定されたという経緯に照らせば，定型約款ではない約款に，定型約款の規律を安易に類推することは，立法趣旨に反すると言うべきでしょう。その意味では，定型約款ではない約款については，従来通り，ルールの不明確な状態が続くことになります。

　4大論点の解説に続いて，もう少し専門性が高くなりますが，今回の改正の象徴的な論点を３つ扱います。債権総則から「債権譲渡」（⇒第６章），契約総則から「解除と危険負担」（⇒第７章），そして契約各則から「売主の瑕疵担保責任」（⇒第８章）です。いずれも活発な議論の対象となりました。

第6章 債権譲渡[5]

1 なぜ改正が必要だったのか

　債権譲渡とは，債権を動産のように譲渡することです。たとえば，Aの Sに対する100万円の債権をBに譲渡すると，以後，BがSに対する債権者 となります。債務者からすれば債権者の交替です。

　債権譲渡について，改正前は3ヵ条の規定が置かれていましたが（466 条〜468条），改正により9ヵ条になり，条文数で3倍，文字数では約4.7 倍に増えています。大きな改正があったことがわかります。実際，債権譲 渡は今回の改正の重要論点の1つでした。

　改正が要請された背景事情として，債権譲渡の機能が民法制定時と今日 で大きく変化していることがあります。従来，債権譲渡は，債権回収の一 手段としてよく用いられました。たとえば，Aが倒産に瀕して現金が不足 しており，債権者Gへの弁済が滞っているが，Aには資力のあるSに対する 売掛債権があるというとき，Gはこれを差し押さえて強制執行手続で債権 回収を図るのが正攻法です。しかし，これは時間も費用もかかり，ほかの 債権者が手続に加わってくれば債権額に応じた按分配当になってしまいま す。これに対し，GがAから金銭で弁済を受ける代わりに，その債権の譲渡 を受けることができれば，Gとしては優先的に債権回収が図れるわけです。

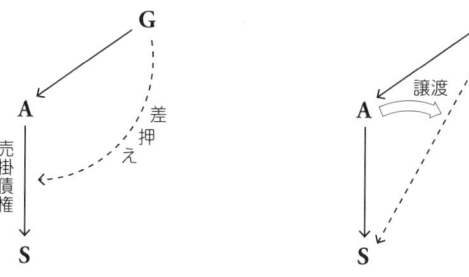

5　本章について，詳しくは拙著『民法Ⅲ（第4版）』第8章をご参照ください。

今日でもこのような使い方はされますが，これとは別に，Aが事業拡大のために資金調達をしたいというとき，Sに対する債権の弁済期がまだ到来しなくても，Bに譲渡すれば現金に換えることができます。とりわけ，Aが今後長期にわたってSに製品を納める取引をすることが見込まれるとき，数年分の将来の売掛債権をまとめて譲渡できれば，高額な資金の調達ができます。このようにAが，将来取得する分を含めた債権や動産を用いて資金調達することを**資産担保融資**（**ABL**：Asset Based Lending）といいます。ABLは不動産を持たない中小企業が，自分の将来の収益を担保にして資金を調達する有力な手法ですが，債権譲渡はABLに不可欠の法制度なのです。

　ところが，このような資金調達に活用するうえで，従来の債権譲渡制度には大きな障害がありました。それは，旧466条が，1項で債権は譲渡できると定めながら，2項で「前項の規定は，当事者が反対の意思を表示した場合には，適用しない。ただし，その意思表示は，善意の第三者に対抗することができない」と定めて，合意によって債権の譲渡性を奪うことを認めていたことです。

　このような合意を**譲渡禁止特約**といい，これがあると，債権の譲受人が善意（特約の存在を知らないこと）でない限り，譲渡は無効になると解されていました。そして，大企業や国，地方公共団体など資力と交渉力のある債務者は，たいてい譲渡禁止特約を入れていました。たとえば，債権の発生原因となる契約に，その債権について「債務者の承諾なしには譲渡，質入れはできません」などと書いてありました。しかも，これらの債務者が譲渡禁止特約を入れていることは広く知られていることも多く，たいていの譲受人は「善意」とはされず，特約を対抗できてしまいます。

　しかし，資力のある大企業等に対する債権こそ資金調達に適した債権ですので，それが譲渡できないことになると，資金調達が阻害されます。そこで，譲渡禁止特約の効力を制限すること，これが改正の重要な論点となりました。

　その点について解説する前に，まず，用語についての改正に触れておきます。

2　「指名」債権

　旧467条，旧468条は債権譲渡の対抗要件についての規定を置いていましたが，そこでは**指名債権**という用語が使われていました。指名債権とは，債権者が特定されていて債権の成立や譲渡のために証書の作成・交付を要しない債権をいいます。通常の債権はみな指名債権なのに，わざわざ「指名」という形容を付けていた理由は，旧469条以下に証券化した債権についての規定が置かれていて，これと区別するためでした。しかし，証券的債権についての規定は有価証券法理が確立する前に起草されたため，内容は未熟で現実の要請に応えられず，実用性を失っていました。

　そこで，改正により，証券的債権の規定はすべて削除し，債権総則の最後に新たに節を設けて，有価証券についての総則的規定を置くことにしました。このため，民法で規定する債権はすべて指名債権となり，もはや債権概念の中で指名債権と証券的債権の区別をする必要がなくなったため，改正民法は「指名」を削除して，債権譲渡の規定は「債権」一般に適用されるという位置づけとなりました。

　債権譲渡でもっぱら問題となるのは，金銭債権の譲渡です。

3　譲渡禁止特約から譲渡制限特約へ

■改正の目標

　前述のように，債務者が強い場合に譲渡禁止特約が入れられていました。債務者が強ければ，債権者が誰になろうと弁済すればすむことなので，譲渡を禁止する理由はないように思えますが，それでも特約が入れられるのには理由がありました。

　第1に，譲渡に伴う事務の煩雑化を避けること（銀行の預金債務についていえば，預金通帳の名義書換等），第2に，過誤払いの危険を避けること（債権者が転々と変われば過誤払いも増える），第3に，相殺に対する利益を確保すること（債権者が変わると元の債権者に対して有していた相

殺の利益を失う）でした。

　これらの理由は，それぞれもっともですが，他方で，価値のある債権を資金調達に活用できないことのデメリットも大きいといえます。そこで，前記３つの理由に対処する制度的手当をすることで，債権の譲渡性を奪う特約の効力を制限すること，これが改正の目標でした。

■弁済の相手方固定

　改正法は，「当事者が債権の譲渡を禁止し，又は制限する旨の意思表示をしたときであっても，債権の譲渡は，その効力を妨げられない」と定め，特約があっても譲渡は有効であるという原則を採用しました（新466条２項）。改正法のもとでの特約のことを，改正前と区別して**譲渡制限特約**と呼びます。譲渡制限特約があっても譲渡の効力が妨げられないのであれば，特約自体が無効となるのかというと，そうではありません。特約は，弁済の相手方を固定するという効果を持つのです。

　たとえば，AのSに対する債権に譲渡制限特約が入っていて，それにもかかわらずAがその債権をBに譲渡したとします。このとき，特約は債権がBに移転することを妨げることはできません。しかし，譲受人Bが特約のことを知っていたり，重大な過失で知らなかったときは，「債務者 [S] は，その義務の履行を拒むことができ，かつ，譲渡人に対する弁済その他の債務を消滅させる事由をもって」譲受人Bに対抗できます（新３項）。つまり，債務者Sは，Bへの弁済を拒み，もとの債権者であるAに弁済することで債務を消滅させることができるのです。これが弁済の相手方を固定するという意味です。これなら，特約を入れる理由の第１と第２の問題は概ね解消されます。

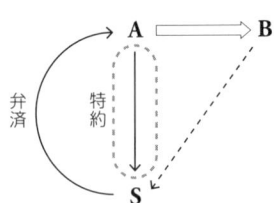

　このような効力が考案された理由は，いわゆるABLでの資金調達の場面，たとえば，金融機関Bが中小企業のAに資金を融資し，その担保としてAのSに対する売掛債権がBに譲渡されるような場面では，通常は，AがBから弁済の受領権限を与えられてSからの債権回収を行ない，そこからBに対する債務の弁済をします。つまり，Aの事業が正常に進行している限り，譲受人Bが債権者として債務者Sの前に立ち現れることはありません。改正法は，譲渡制限特約に，以上のような実務が支障なく行なえる限度での効力しか認めないことにしたのです。

　なお，譲渡禁止特約によって譲渡を無効にできた改正前においても，債権の差押えとの関係では，差押債権者が差し押さえられた債権から弁済を受けるのを妨げるような効力は認められませんでした（判例）。なぜなら，そんなことを認めると，私人間の合意で，強制執行を受けない債権を作り出すことになるからです。改正ではこの点も明文化し，譲渡制限特約付の債権に対する強制執行をした差押債権者に対しては，たとえ差押債権者が特約を知っていたとしても，譲渡制限特約は弁済の相手方固定の効力もないことを明らかにしています（新466条の4第1項）。ただし，特約の対抗を受ける譲受人Bの債権者Hが差し押さえた場合は，HはBが有していた以上の地位を得るわけではありませんから，債務者SはHに対して弁済を拒むことができ，譲渡人Aへの弁済による債務の消滅を対抗できます（新466条の4第2項）。

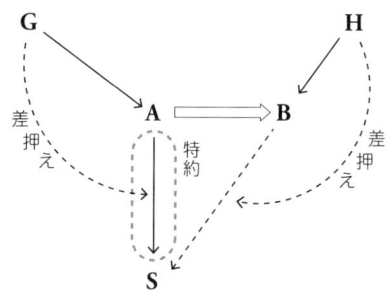

■譲受人保護の方策

　譲渡制限特約の効力が以上のようなものだとすると，譲渡制限特約が付いたAの債権がBに譲渡されると，譲渡人Aのもとにはもはや債権はなく，他方で，特約が対抗できる場合は，譲受人Bから債務者Sに支払を請求することもできません。通常はAがBから取立権限を付与されていますが，正常にその権限を行使しなくなると，Sは誰からも請求されないことになってしまいます。これを回避するために，改正民法は譲受人のとりうる手段を2つ用意しています。

　第1は，**譲受人の催告権**です（新466条4項）。すなわち，債務者SがAに弁済しなくなったら，譲受人Bは「相当の期間を定めて譲渡人［A］への履行の催告をし，その期間内に履行がないときは，その債務者［S］」は特約の効力を対抗できなくなり，譲受人BがSに直接請求できます。

　第2は，譲受人の**供託請求権**です（新466条の3）。すなわち，譲渡人について破産手続開始の決定があった場合は，第三者対抗要件を具備した譲受人は，「債務者にその債権の全額に相当する金銭を債務の履行地の供託所に供託させることができ」ます。つまり，BはSに弁済金を供託するよう求めることができ，Bだけが還付請求できます（準用される新466条の2第3項）。このような規律が置かれた理由は，譲渡人Aが破産してしまうと，債務者SからAに弁済されてもそのお金は管財人が受領してBには渡らなくなるからです。BとしてはAの破産管財人に支払を請求できますが，一般の破産債権より有利な財団債権として保護されるにしても，全額の回収ができるとは限らないのです。

■債務者の供託権

　以上のような方策で，特約を付けた債務者の立場は相当程度保護されていますが，改正法はもう一段の保護を用意しています。

　改正前の民法では，譲渡禁止特約付債権が譲渡された場合，譲受人が善意なら特約を対抗できず譲受人が債権者となりますが，悪意（重過失の場合を含むと解されていました）なら譲渡は無効となり，譲渡人が依然とし

て債権者です。しかし，通常は，譲受人が善意か悪意かを債務者が判断することは容易ではありません。その結果，債務者としては，債権者が誰であるかを判断できないということになります。そこで，債務者は債権者不確知を理由として供託することができるとされていました（旧494条後段参照）。

改正法では，譲渡制限特約付債権が譲渡された場合，譲受人の主観にかかわらず債権は譲受人に移転しますから，「債権者を確知することができないとき」には該当しません。また，譲受人が善意・無重過失なら特約を対抗できず譲受人に支払うべきことになり，悪意または善意・重過失なら譲渡人に支払ってもよいことになりますが，譲受人に支払っても有効な弁済となりますから，弁済の相手が分からないということもありません。つまり，供託はできないということになりそうです。しかし，債務者の立場からは，改正前は債権譲渡があれば供託をすることによって債務を免れることができたのに，改正によりそれができなくなるのは困るという声が上がりました。

そこで，新466条の2第1項は，譲渡制限特約付の金銭債権が譲渡されたときには，債務者は常に供託できる旨の規律を置きました。還付請求できるのは譲受人だけです（同条3項）。

■ **当事者間での特約の効力**

改正法は，譲渡制限特約が債権譲渡を妨げないことを明らかにすることで，資金調達目的で債権譲渡を活用できる道を開こうとしました。とはいえ，譲渡を禁止または制限する特約は，当事者間で債権的な効力を持つことは否定できません。つまり，譲渡を禁ずる特約があるにもかかわらず債権を譲渡すれば，当事者間では契約違反となり，それに違約金の定めが付され，あるいは解除原因となることが定められていれば，債権者はそのサンクションを恐れて譲渡できなくなりますので，結局，債権譲渡は阻害されることになりそうです。

そこで，特約の当事者間での効力をどう考えるかが問題となります。理

論的には，改正法のもとでも，特約違反に対して違約金などのサンクションを定めることは可能です。しかし，債権譲渡により債務者に不利益が生じないように改正法で十分な手当てをしていることを考慮すると，特約に反する譲渡に当然にサンクションを課す条項は権利の濫用として無効と評価すべき場合が多いと思います。また，譲渡に債務者の事前承諾を要求する条項がある場合に，十分な理由なく資金調達目的の譲渡について承諾を拒むことは，やはり権利の濫用となる場合が多いでしょう。

　債権譲渡は，担保となる資産に乏しい中小企業にとって，資金調達の重要な手段です。このため，これまで譲渡禁止特約を入れていた公共工事の請負契約においても，請負代金債権の譲渡を活用した融資制度を用意するなど，資金調達目的の譲渡を支援する動きが生じています。このような流れの中で，無断で譲渡したことのみを理由にサンクションを課すことは，合理性を失っていくのではないかと思います。

■ 預金債権の特則

　改正前の466条2項は，譲渡禁止特約が「善意の第三者に対抗することができない」と規定していましたが，重過失のある第三者は悪意と同視するという解釈が採用されていました（改正法はそれを明文化しています。新466条3項）。そのことを判示した判例は，銀行預金債権の譲渡の事案でしたが，最高裁は，銀行預金債権に譲渡禁止特約が付いていることは「少なくとも銀行取引につき経験のある者にとっては周知の事柄に属する」と述べて，譲受人に重過失があるとの判断をしました（最判昭和48年7月19日民集27巻7号823頁，及び差戻後の上告審最判昭和50年10月24日裁判所ウェブサイト参照）。つまり，事実上，預金債権については常に譲渡を無効とする立場が採用されていたのです。そして，それには銀行実務を反映した理由がありました。

　すなわち，普通預金を考えれば分かるとおり，預金債権は払戻しや預入れ，振込みなどにより金額が変動します。そのような預金債権について，ある時点の預金債権が有効に譲渡される余地を認めると，預金の名義人と

真の預金債権者が分離し，さらにはその後振込みなどがあると，預金債権の一部が別の債権者に帰属することを認めることになり，銀行の管理コストが極めて大きくなります。先に述べた，譲渡禁止特約を入れる理由の第1（59頁参照）は，預金債権の場合に最も切実なのです。

　そこで，**預貯金債権**に関しては，譲渡制限特約の存在について悪意または善意でも重過失のある譲受人等との関係では，譲渡の効力を認めないこととしました（新466条の5第1項）。条文で「第466条第2項の規定にかかわらず」特約を「対抗することができる」と定めているのは，そのような趣旨です。通常，譲受人には少なくとも重過失があると考えられます。

　ただし，強制執行（預金の差押え）との関係では，改正前も判例は銀行の譲渡禁止特約を対抗できないとしていましたので，改正法でも，同様の扱いが明文化されています（新466条の5第2項）。

4　将来債権譲渡

　資金調達目的での債権譲渡は，将来発生する売掛債権やローン債権などで使われています。しかし，改正前は，将来債権の譲渡が有効になし得るのかについて，明文の規定はなく，ルールは判例で形成されました。

　判例にも，長い時間をかけた展開がありますが，最終的に，債権発生の可能性を要件とせず，期間の始期と終期を明確にするなどして債権が特定されている限り，将来債権が有効に譲渡できることが認められています（最判平成11年1月29日民集53巻1号151頁）。また，判例は，発生原因となる取引の種類や発生期間等で特定される，現在及び将来の債権を一括して譲渡し，しかも，取立権限を譲渡人に留保するという，いわゆる**集合債権譲渡担保**の有効性を認めています。そこでは，既存の債権と将来債権は，譲渡担保契約の時点で確定的に譲渡されており，将来発生する債権の移転もその時点で生ずるという理解が示されています。そして，このような債権譲渡について第三者対抗要件を具備するためには，債権譲渡の対抗要件の方法によることができるとしています（最判平成13年11月22日民

集55巻6号1056頁，最判平成19年2月15日民集61巻1号243頁）。

　これら一連の最高裁判決は，資金調達目的の債権譲渡の拡大という現実を踏まえ，実務の需要に応えられるルール形成をしたものと評価できます。

　改正法は，これらの判例法を明文化しています。ただ，「**将来債権**」という用語を用いると，将来発生する債権が「債権」なのか（将来債権という特殊な債権なのか）というやっかいな問題を引き起こすことから，「債権の譲渡は，その意思表示の時に債権が現に発生していることを要しない」（新466条の6第1項）という表現を用いて表現しています。そして，将来債権が譲渡されると，「譲受人は，発生した債権を当然に取得する」（同条2項）と定めました。

5　相殺の対抗

　以上のように，改正法は資金調達目的での債権譲渡を促進する方向での規定を設けていますが，他方で，このような改正は債務者の利益を害しない限りにおいて正当化できます。なぜなら，債務者は債権者の資金調達には何ら関わりがないからです。そこで，改正法には，債務者が有していた元の債権者との関係での相殺の期待を最大限保護する規律が設けられました（3で述べた，譲渡禁止特約が入れられる第3の理由への対応です）。

　まず，債務者の抗弁権一般について，新468条1項は，債権が譲渡されても「債務者は，対抗要件具備時までに譲渡人に対して生じた事由をもって譲受人に対抗することができる」と定めました。これは，改正前の468条2項に対応する規定です。相殺しうる地位も「生じた事由」に含まれます。しかし，相殺については，この規定だけでは十分明確とはいえません。実際，対抗要件具備時までに反対債権（自働債権）が生じていればよいのか，それとも自働債権の弁済期が先に到来する必要があるのか，あるいは両債権の弁済期が到来している必要があるのか，といった解釈問題が従来から生じていました。たとえば，債務者の債務（受働債権）の弁済期が先に到来する場合は，債務者は債務不履行に陥らなければ相殺適状にならな

いから，そのような相殺の期待は保護に値しないとの考え方（**制限説**と呼ばれます）もあるからです（⇒第10章5参照）。

　そこで，新469条1項は，新468条1項の原則で相殺が認められる反対債権について，「対抗要件具備時より前に取得した」債権であればよいことを明らかにしました。弁済期の到来やその先後は問わないことを明確にしたのです（**無制限説**）。

　しかし，この規定だけではなお相殺の期待の保護が十分ではないと考えられました。たとえば，AがSに対して取得する将来の売掛債権が譲渡された場合，対抗要件具備時以後にAS間で売買契約が締結され，Aが商品を引き渡したところ，欠陥品であったためSが損害賠償債権を取得したという場合，Sの損害賠償債権は対抗要件具備後に取得した反対債権ですから，相殺できないことになりそうです。しかし，売買の代金債務と商品の欠陥による損害賠償債権は互いに密接に関連する債権なので，相殺の期待を持つのが当然です。そこで，改正法は，対抗要件具備時より後に取得した自働債権であっても，次の場合に相殺を認める規律を設けました。

　第1に，「対抗要件具備時より前の原因に基づいて生じた債権」であるとき（新469条2項1号）。これは破産法の規律に倣った規定ですが，たとえば，債権譲渡の通知の前に締結した賃貸借契約が存在するときは，その契約から生じた賃料債権は，通知後に生じたものでも反対債権として相殺できます。

　第2に，「譲受人の取得した債権の発生原因である契約に基づいて生じた債権」であるとき（同条2項2号）。先に挙げた，製品の欠陥を理由とする損害賠償債権などです。

　このように，改正法は，従来よりも相殺を広く認めて債務者の利益を保護することで，債権譲渡を広く認めることとのバランスをとっています。ただし，債務者が以上の要件を満たす他人の債権を売買や相続で取得したときは，債務者には保護に値する相殺の期待があったとはいえませんから，相殺を対抗できないとされています（新469条2項ただし書）。

6 異議を留めない承諾

■抗弁の切断

　債権譲渡の対抗要件が，譲渡人から債務者に対する通知または債務者の承諾であることは，これまでと変わりません。しかし，この「承諾」について重要な改正が行なわれました。

　改正前の民法には，債務者の承諾の仕方によって，債務者の抗弁の対抗を遮断する制度が設けられていました。それが旧468条１項の「**異議をとどめない承諾**」です。

　たとえば，AからBへの債権譲渡を承諾する際に，債務者Sが，「自分はAに対して同時履行の抗弁権を持っている」などと，対抗できる事由があることを断っておけば，これらの事由はそのまま存続し，債権譲渡の通知がされた場合と同じ扱いになります。ところが，これらの「異議」をとどめないで承諾すると，Aに対抗しえた事由を，もはやBとの関係では対抗できなくなるのです。しかも，「異議をとどめない承諾」は，とくに「異議」がない旨明示する必要はなく，単に留保を付けずに譲渡の事実の認識を表明することでよいとされてきました（債権譲渡の対抗要件の「承諾」は，「同意」などとは異なり，単なる認識の表明です）。

　このような制度が置かれた理由は，抗弁の切断によって債権の流通における取引の安全を図ることにあったようです。債権譲渡の当事者にとって，大変便利な制度であるため，債務者の立場が弱い場合にしばしば用いられてきました。約款に入っていることも少なくありません。たとえば，クレジットカードの会員規約の中には，カード会員が加盟店で商品やサービスを購入したときに発生する加盟店の債権がカード会社等に譲渡されることについて，カード会員が異議を留めず承諾する旨の条項を入れているものもありました。

　しかし，有価証券などと違って通常の債権は，動産のように転々流通することは少なく，流通の保護を図る要請がとくに大きいわけではありません。それに，抗弁のことまで思いが及ばずに単に譲渡を承諾したというだ

けで，意に反して抗弁の対抗ができなくなるとすれば，債務者の犠牲にお
いて譲受人を有利に扱う制度で，ほとんどだまし討ちです。

このため，判例も，たとえ債務者が異議をとどめず債権譲渡を承諾した
としても，抗弁事由の存在を知らないことについて過失のある譲受人に対
しては抗弁の対抗ができるとして，旧468条1項の適用を解釈により制限
していました（最判平成27年6月1日民集69巻4号672頁）。

■改正法の内容

そこで，改正法は旧468条1項の異議をとどめない承諾の制度を廃止し
ました。もし債務者が抗弁権を放棄したいのであれば，そのような意思表
示が可能であることは当然のことですので，あえて抗弁権放棄の規定を置
くことはしませんでした。

改正法のもとで，債務者の抗弁権を切断するためには，**抗弁権放棄の意
思**が明確に表示される必要があります。たとえば，約款に，「債務者は債
権譲渡を承諾し，譲渡人に対する抗弁権は放棄します」などという条項を
置くことは可能ですが，**定型約款**である場合は，民法1条2項の信義誠実
の原則に反して相手方の利益を一方的に害する条項であるとして，合意を
しなかったものとみなされる可能性があります（新548条の2第2項　⇒
第5章4）。今後は，抗弁権の切断をもたらしたいのであれば，定型約款
の条項に紛れ込ませることをせず，抗弁権を放棄する旨の債務者の個別の
意思表示を求めるべきでしょう。

第7章 解除と危険負担

1 何が争われたのか

■改正の2本柱

改正前の解除に関する規律を見ると，民法541条が，債務不履行があれば相当の期間を定めて催告をした上で，相手が履行しなければ解除できるという原則規定を置いています。たとえば，Aの飼っている犬をBが買受けるという契約をしたけれど，約束の日にAが犬を渡してくれなければ，BはAに対して履行を催告して解除できます。その上で，民法は特則として，履行不能の場合には催告なしに解除できるけれど，そのかわり債務者に帰責事由がない場合には解除できないという規定を543条に置いています。Aの犬が売買契約のあと死んでしまうと，履行は不能になりますが，犬の死についてAに帰責事由がない場合を除き，Bは直ちに売買契約を解除できます。こうして債務不履行一般についての催告解除の規定と，履行不能の場合の無催告解除の規定が置かれているわけです。

さて，解除制度の改正には2つの大きな柱があります。まず改正民法は，改正前の構造を基本的に受け継いで，**催告解除**と**無催告解除**という二本立ての規律を置くことにしました。これが改正法の第1の柱です。

第2の柱として，解除について帰責事由を一切要求しないこととしました。履行不能も含めて解除に帰責事由は一切不要です。前記の事例で，犬の死についてAに責められるべき点は何もない，という場合も解除できるのです。解除は債務不履行があった場合の債務者に対するサンクションではなくて，履行を受けられない債権者を契約から解放するための制度であると位置づけ，債権者は履行が受けられなければ契約から解放されるべきであって，相手に帰責事由があるかどうかは関係がない，と考えたわけです。

■ 3つの争点

このような改正に至るまでに争われた主要な争点が3つあります。

第1に，解除について統一的な要件を置くかどうかです。当初，学者グループが解除の統一的な要件として「**重大な不履行**」という要件を掲げ，催告解除であれ無催告解除であれ，重大な不履行がなければ解除できないという規定を提案しました。これに対して実務界から強い批判があったというのが第1の争点です。

第2に，帰責事由を不要とするという点についても，最終的には理解が得られましたが，当初は本当にそれでいいのかという議論がありました。

第3に，改正前は，帰責事由のない履行不能については危険負担制度で処理していました。犬の死についてAに帰責事由がないときは，犬の引渡債務は履行不能となって消滅しますが，このときBの代金債務がどうなるかを決めているのが危険負担制度です。もし帰責事由のない履行不能でも解除できることにすると，危険負担制度と解除制度が重なります。そこで危険負担制度をどうするかが重要な争点となりました。

2　解除の統一的要件をめぐる対立

■ 重大な不履行

第1の，統一的な要件を置くかどうかという争点は，第1章で扱った契約をめぐる基本的な思想の対立が背景にあります。「重大な不履行」という統一的な要件を置くことは，世界の契約法の趨勢にそったものですが，実質的な根拠は次のように説明できます。

契約を解除することは当事者に非常に重大な影響を与え，さまざまなコストを伴います。解除によって会社がつぶれたりすることもあるわけです。他方で，契約は，一定の目的を達成するために合意されているわけですから，仮に債務不履行があっても，債務不履行をしている側に債務を履行しようという意欲があり，もうちょっと待ってくれれば履行できる，そしてそれによって当初の契約の目的を達成することは可能だという事情がある

のであれば，できるだけ契約を存続させるチャンスを与えるべきではない
かと思われます。そういう考え方からすると，解除の要件は，契約をした
目的を達成できなくなるような重大な不履行が生じている場合に限るべき
だ，ということになるわけです。これは，当事者が合意した契約を中心に
考えようという思想と親和的な立場です。

　これに対して，法制審議会では，実務家から，催告解除を現状通り維持
すべきだとの意見が出されました。裁判所からもそういう意見が出ました
けれども，強力に主張したのは弁護士でした。相当な期間を定めた催告と
いう形で相手に履行のチャンスを与えているわけですから，期間が経過し
た時点で履行がなければ解除できるというのでないと困るというのが実務
的な感覚だろうと思います。

■軽微な不履行

　他方で，従来から判例は「軽微な不履行」の場合には解除できないと言っ
てきました。たとえば，不動産の買主が，引渡しまでの間のわずかな金額
の公租公課を払うと約束したのに払わないなどの付随的な義務の不履行
は，軽微な不履行だから解除できないとされています。そこで，催告によ
る解除権を制限するルールとしてはそれを書くべきで，それ以上に重い要
件を解除に課すべきではないとの主張がされました。

　その意見が最終的には採用され，新541条は催告解除の原則を書いた上
で，ただし書で「その期間を経過した時における債務の不履行がその契約
及び取引上の社会通念に照らして軽微であるときは，この限りでない」と
いう規定を置くことにしました。判例の明文化ですが，軽微かどうかの判
断の際に，契約と取引上の社会通念を並べて考慮するとされています。こ
れは第1章で扱った，改正の背後にある思想的なバトルの跡のひとつです。

■無催告解除

　無催告解除は，催告による履行のチャンスを与える必要がない場合に認
められる解除ですから，それなりに限定した要件を課す必要があります。

改正前は，瑕疵担保の解除は無催告解除とされていましたが，旧570条が援用する旧566条は，契約をした目的を達成できるかどうかという基準を置いていました。そこでこの基準を使うこととし，無催告解除について定めた新542条には，次のような規定が置かれています。

　まず，履行の全部が不能である場合，あるいは全部の履行を拒絶する意思を債務者が明確に表示した場合（不能と同視されます）は，契約をした目的を達成できないことは自明ですので，当然に無催告解除ができます（新542条1項1号，2号）。

　しかし，一部の不能の場合，あるいはそれに相当する，一部の履行拒絶の場合には，残存する部分のみでは契約をした目的を達成できないときにのみ解除できます（同3号）。

　このほか，たとえば，ウェディングドレスやクリスマスケーキの納品のように，一定の日時に履行しなければ意味がない，いわゆる**定期行為**の場合は，「特定の日時又は一定の期間内に履行しなければ契約をした目的を達成することができない場合」として，無催告解除の規定が置かれており（同4号），さらに，不能と定期行為から漏れる場合を拾う，いわゆるバスケットクローズも置かれています。すなわち，「債権者が前条の催告をしても契約をした目的を達するのに足りる履行がされる見込みがないことが明らかであるとき」には無催告解除ができます（同5号）。

　こうして催告解除の規定を新541条で置き，無催告解除の規定を新542条に置きました。改正前と同じですが，二本立てをより明確にしたわけです。

■**要件のずれ**

　ところが，両者で統一的な要件を採用しなかった結果，二本立ての規律でそれぞれ解除が許容される要件が異なっています。これがよかったのかどうか，今回の改正の重要な解釈上の論点です。

　たとえば新車の売買契約をして，5月1日に納入するという契約をしていたところ，売主がその日に納入できなかったとします。買主が2週間の

催告期間をおいて履行の催告をしましたが，この催告期間は相当であったとします。期間内に履行されなかったので解除しようとしたところ，売主があと10日待ってくれれば確実に納品できる，その間は代車を出す，だから解除は待ってくれと言ったとします。買主は新車に乗れないという点では心理的には不満かもしれませんが，代車を出してくれれば車がないことによる不便そのものはない，10日待つことによって何か甚大な損害が生ずるということも別にないというのであれば，契約の目的は達成できると評価される場面もあるだろうと思います。しかし，相当な期間の催告をして，それでも契約目的物を納品しないというのは明らかに「軽微」とは言えませんので，催告解除の要件は満たしています。この場面で，解除できるということでいいのでしょうか。

　学者や裁判官は，紛争が起きたあとの時点に立って，解除を認めるべきか否かという観点から問題を考えます。そうすると，契約をした目的が達成できるのに解除できるのはおかしいのではないかという発想になりがちです。これに対し，弁護士は紛争になる前に助言を求められて，「履行を催告し，催告期間内に履行がなければ解除すると言いなさい」という助言をする。ところが，条文を見ると，催告期間が経過して履行がなくても，目的を達成できるときは解除できないなどと書いてあったら，最後通牒としての催告の迫力がないわけです。

　このように，意見の対立は，紛争解決規範の観点から条文を見るか，行為規範の観点から条文を見るかの違いも関係しているかもしれません。結果的に弁護士の主張が通って，解除の要件は二本立てとなり，解除を阻止する要件が別々になりました。これで果たして裁判規範として問題が生じないかどうか，今後の運用を注視する必要があるだろうと思います。

3　帰責事由と解除──危険負担との関係

■帰責事由の要否

　第2の争点は，解除について帰責事由を要求しないという点です。従来，

過失責任主義は近代民法の大原則だとされ，履行遅滞による催告解除の場面でも過失責任主義が妥当するから，帰責事由がなければ解除ができないと言われていました。しかし，公表裁判例を見る限り，履行が遅れていて，催告期間内に履行がなかったという場合に，債務者に遅滞について過失がないから解除を認めない，と判断した事例はほとんどないのです。全然ないわけではないのですが，例外的に存在する場合も，過失というより不可抗力が問題になっている事例です。

　従って，解除に債務者の過失を要求するという原則は，実は，裁判実務では機能していなかったと言えると思います。それに，たとえ不可抗力による不履行でも，履行を受けられないのに債権者が契約に拘束され続けるのは不当というべきです。そこで，解除に帰責事由を不要とするという点には共通の理解が形成されました。

■**危険負担との重複**

　ところが，帰責事由のない履行不能で解除を可能とすると，解除と危険負担が重なることになります。これが第3の争点です。

　当初，学者グループ検討委員会の『基本方針』は，危険負担を廃止して解除に吸収するという提案をしました。しかし，これが実務界から批判を招き，紆余曲折を経て，やや奇妙な改正内容に落ち着きました。

　危険負担に関しては，旧534条で特定物に関する物権の設定・移転について**債権者主義**と呼ばれる原則を採用していましたが，結果が非常識で批判を招いていました。たとえば，犬の売買の例で，Aの犬が引渡し前にAの帰責事由なしに死んでしまった場合，買主Bはなお代金を支払わなければならない，というのが債権者主義です。これを改めるべきことについては，異論はありませんでした。ところで，旧534条は特定物に関する物権の設定・移転を目的とする双務契約についての特則として置かれていて，危険負担の原則規定は旧536条1項に置かれていました。そこでは，双務契約の一方の債務の履行が当事者双方の帰責事由なしに不能になった場合には，その債務も反対債務もともに消えてしまうという原則を定めていま

す。この原則には合理性があると考えられてきました。

　しかし，双務契約の一方の債務の履行が当事者双方の帰責事由なしに不能になった場合というのは，債務者に帰責事由のない履行不能が生じた場合ですから，その場合に解除ができることにするならば，わざわざこの規定を置いておかなくても，解除で処理できてしまいます。そこで，旧534条とあわせてこの規定も削除して解除に一元化しようという提案がされたわけです。

　ところが，危険負担制度の廃止には実務界から強い反対が生じ，紆余曲折を経た結果，**履行拒絶権**という形で危険負担制度が残ることになりました。これが新536条1項です。次のように定めています。

　「当事者双方の責めに帰することができない事由によって債務を履行することができなくなったときは，債権者は，反対給付の履行を拒むことができる」。

　改正前は「反対給付を受ける権利を有しない」という表現で，履行不能になった債務と対になる債務が消えるという規定になっていましたが，それが，債務は消えないけれど履行は拒否できる，という規定になったのです。その経緯は，このあと説明します。

■債権者の帰責事由

　ところで，旧536条の2項には，債権者の帰責事由による履行不能について反対給付がそのまま残る（「反対給付を受ける権利を失わない」）という規定が置かれていました。この規定は労働契約などで重要な機能を果たしています。使用者側の帰責事由によって労務の給付ができなかったときに，労働者は賃金の全額を請求できますが，その根拠となる規定です。この規定をそのまま維持することに異論はありませんでした。

　しかし，危険負担が履行拒絶権構成に変わったことに伴い，ここでも履行拒絶という表現を使って，「債権者の責めに帰すべき事由によって債務を履行することができなくなったときは，債権者は，反対給付の履行を拒むことができない」という文言になりました。

　この文言の修正の結果，労働契約において旧536条2項と同じ帰結が導けるのかということを労働側は危惧し，法制審議会の部会でも繰り返しその点の問題提起がありました。これに対する法務省事務当局の回答は，改正前と全く変わりはないという説明です。立案の意図はまさにその通りですが，文言上明白かというと，「履行を拒むことができない」というのは既に債務が発生していることを想定しているように読めますので，労務の給付をしなくても労働者の賃金債権が発生することをこの文言が明確に表現しているかと言われれば，必ずしも十分明確ではないという印象を与えます。しかし，危険負担を履行拒絶権構成にしたために，このように表現するほかなかったのです。

　では，なぜ履行拒絶権構成でなければならないのでしょうか。これは，危険負担制度の要否をめぐる対立とかかわります。

4　危険負担制度は必要か

■廃止は不都合か

　犬の売買の設例で，犬の死について売主Aに帰責事由があれば，債務者の責めに帰すべき事由による履行不能ですから，買主BはAの債務不履行責任を追及でき，売買契約を解除することができます。他方，Aに帰責事由がなければ，改正前の民法のもとでは危険負担の問題になり，旧534条によれば反対債務である代金債務は残ることになりますが，この点は批判されていて，代金債務も消えるものと扱うべきこと，つまり**債務者主義**を採るべきことについて異論はありませんでした。これが危険負担制度です。

　これに対して，中間試案の段階では，危険負担制度を廃止して，全て解除で処理をすることが提案されていました。すなわち，犬の死についてAに帰責事由がない場面もBは契約を解除できます。

　そうすると，Aに帰責事由がない場合も解除しない限りBの代金債務は消えません。危険負担制度があれば当然に消えていたはずの債務が残る。それは不都合ではないかという批判が実務界から寄せられたのです。

しかし，本当に不都合でしょうか。Aの引渡債務が履行不能になった場合，通常は，その不能がAの帰責事由によるのか否かはBにはわかりません。帰責事由があるかどうかはAの側の事情ですし，帰責事由の有無は微妙な法的判断だからです。そして，「帰責事由がない」ということを立証する責任は債務者であるAにありますので，債権者Bとしては，帰責事由があるとの想定でとりあえず「解除する」と言うだろうと思います。

　これに対して，債務者Aは，改正前の民法では，自分には帰責事由がないから解除はできないはずだという抗弁を主張できます。しかし仮にこの抗弁が成り立つと，今度は危険負担が適用されて，代金債務は当然消滅ということになります。つまり，Aからすると，結果として代金債権を失うという点では同じですので，Aはわざわざそんな抗弁を出しません。その結果，改正前は，この問題は解除で処理されていたものと思われます。そうであるなら，危険負担を廃止して解除に一元化しても実務は全然変わらないということになります。

　ところが，そういう議論に対して，法制審議会では，今まで実務で問題になったことがないと思えるようないろいろな場面が反論として持ち出されました。たとえば，Aが行方不明になって，解除したくても解除できないという場合にはどうするのか。あるいは，買主の側が複数いた場合，544条1項には，「当事者の一方が数人ある場合には，契約の解除は，その全員から又はその全員に対してのみ，することができる」という，**解除権の不可分性**とよばれる規定が置かれており，全員の意思が一致して全員から行使しないと解除ができない。では，全員がそろわないために解除できない場合はどうするのか，等々です。危険負担制度がないと困るではないか，というのです。

　しかし，これらの反論に理由があるのかについて，私は相当に疑問を持っています。もし，売主Aが，自らの債務の履行が不能になったにもかかわらず反対給付の請求をし（！？），買主側が複数いるために解除権を行使できなくて困る場面が生ずるなら，実務上は，帰責事由のない履行不能よりももっと頻繁に発生する，債務者Aに帰責事由のある履行不能の場面に

おいて，債権者側が解除権を行使できないために困ったというケースが出てくるはずです。しかし，いままでそんな問題は出てきたことがありません。それなのに，より例外的な場面である，帰責事由のない履行不能についてだけ，解除権が行使できないために実務的に支障が生ずるというのは，容易には信じられない話です。

▪膠着の打開案

とはいえ，このような反論の結果，解除一元化案と危険負担存置案が対立して議論は膠着状態に陥りました。そんなとき，東京弁護士会から妥協案として**履行拒絶権**構成が提案されたのです。単純に危険負担制度を残すと，危険負担制度で消えているはずの債権を重ねて解除権で消滅させることになり，制度間の抵触が生じます。しかし，履行拒絶権なら，反対債権は消えるわけではないので，重ねて解除制度が存在しても矛盾は生じません。

もっとも，履行拒絶権構成でも，解除しない限り債務が残るという点は変わりませんから，反論の理由がすべて解消したわけではないのですが，膠着状態を打開するための窮余の策としてこれが採用されたわけです。

5　なぜ揉めたのか

▪揉めた原因

そもそもこの問題は，これほどまでに揉める必要のあった論点なのでしょうか。

過去の公表裁判例を見る限り，危険負担によって債務が消滅していることが決め手になって紛争が処理された事案は，私が探した限りでは 1 件もありません。旧534条の適用が争点になった事件もありません。先例としてあげられる古い判決はありますが（最判昭和24年 5 月31日民集 3 巻 6 号226頁），引渡しが全部終わっていた事案で，危険負担の典型事例ではありません。つまり，少なくとも裁判実務では危険負担制度はあまり使わ

れていないように思われます。裁判外でも実は同じではないかと推測しています。それにもかかわらず，なぜこんなに揉めたのかというと，今になって思えば，学者の問題提起の仕方に問題があったのかもしれません。

　帰責事由のない履行不能で解除を認める一方で，危険負担を残せば，すでに消えているはずの債務を消すために解除権を行使することになってしまい，制度間の不整合が生じます。そこで学者グループは，この理論的不整合を回避するために，危険負担を廃止すべきだという言い方をしたのです。

　ところが，前述の通り，危険負担は実務ではほとんど問題になっていない。これは，言いかえると，改正前の危険負担制度は実務上何の支障も生じていない，ともいえます。使われているかどうかはともかくとして，実務上何の支障もない制度を，「理論的な不整合」を回避するために廃止せよというのはおかしいのではないか。それが実務からの反応だったのだと思います。

　確かに，一般論としていえば，問題を生じていない制度を廃止した場合，どんな影響が生ずるか予測できない面もあるわけです。そうであれば，わざわざ廃止する必要があるのか，というわけです。

■廃止論の根拠

　しかし，危険負担制度廃止論の根拠は，理論ではなく実務にあったはずです。債務者Aに帰責事由があれば解除ができ，なければ解除はできずに危険負担で処理されるといっても，現実には債権者Bには相手の帰責事由の有無はわからないので，どちらの制度を使うかをBに判断させるというのは，およそ実務的ではないのです。実務上は，帰責事由があるものとしてとりあえず解除権を行使する。それで結果的に問題が生じていないというにすぎず，実際には，帰責事由の有無によって解除と危険負担という2つの制度を切り分けるということ自体が余りにも理論的であって，実務にはそぐわない。これが実質的な理由だったと思います。そうであれば，解除制度に一元化した方が遙かに実務的に簡明だったのです。

　しかし，危険負担の廃止論はもっぱら学者が理論的な関心から主張しているかのように受けとめられ，実現しなかった。その結果，履行拒絶権という形で制度が残ったというわけです。学界と実務界の溝がもたらした不幸な誤解だと思います。

　しかし，自分の債務が履行不能になったAから代金の請求を受けたBが，解除せずに代金債務の履行拒絶権だけを主張するという場面を，私はほとんど想像できません。こんな制度は多分使われないのではないでしょうか。立法は妥協であるということを如実に示した例と言えるだろうと思います。

1　何が問題だったのか

■法定責任説vs契約責任説

　改正前の民法の売買の節には，**瑕疵担保責任**と呼ばれる規定 (旧570条) が置かれていました。「売買の目的物に隠れた瑕疵があったとき」に売主が一定の責任を負うという規定です。この規定の改正も今回の改正の重要論点のひとつで，活発な議論の応酬がありました。一体何をどのように，なぜ，変えたのでしょうか。

　売主の瑕疵担保責任の法的性質をめぐっては，古くから論争があり，かつては**法定責任説**と呼ばれる考え方が通説であったけれど，今回の改正でこれを**契約責任説**に転換したとか，「瑕疵」という言葉をやめて「契約不適合」に置き換えた，などといわれることがあります。

　「瑕疵」という言葉は，今日ではほとんど使われませんが，旧570条の「瑕疵」の意味は，伝統的に次のように説明されてきました。

　瑕疵とは売買の目的物に物質的な欠点があることをいい，欠点と認めるべきかどうかは，その種類の物として通常有すべき品質・性能を標準として判断するが，売主が見本や広告で，目的物が特殊の品質・性能を有することを示したときは，その特殊の標準によって判断する[6]。

　そして，かつての通説とされる法定責任説は，旧570条について，特定物の瑕疵ついてだけ適用される法定の責任を定めた規定だと解していました。このような理論を学んだ法律家の中には，特定物売買の目的物に欠陥があった場合の売主の責任が法定責任であるという考え方が，普遍的に正しい理論だと信じている人がいて，今回の改正でも，「実務は法定責任説で動いている」などと，瑕疵担保責任を契約責任 (債務不履行責任) とし

6　我妻榮『債権各論中巻一』(岩波書店，1957 年) 288 頁

て規定することに反対しました。

　しかし，この反対論は，その前提に誤りがあります。押えておく必要があるのは，かつて通説とされていた法定責任説は，あくまで，日本民法に置かれていた，あまり合理性のない特定の条文を説明するための解釈論だったということです。旧570条は，売買の目的物に瑕疵があったときの売主の責任を一般の債務不履行よりも限定していました（言い換えると買主の権利を制限していました）。すなわち，買主が行使できる権利を解除と損害賠償に限定し，しかもそれらの権利行使に1年間の期間制限を課していました。一般の債務不履行の原則を適用すれば，買主には契約で約束した完全な給付を請求する権利があるはずですから，品物に欠陥があればその修補を求め，あるいは欠陥のない品物との交換を請求できるはずです。しかも，それらの権利は，一般の消滅時効に服しますから，改正前は，権利を行使できるときから10年です。それを大幅に制限する規定が売主の瑕疵担保について置かれていた。いったいなぜなのか。それを説明するために考案されたのが法定責任説なのです。

■適用範囲の限定

　端的に言えば，不合理なほど責任を限定した規定の適用範囲を，できるだけ狭くしようとした解釈論が法定責任説だといえます。法定責任説を採用していた有力な学説の中で，論理の明晰さの点で群を抜いていた鈴木禄弥先生の教科書には，「担保責任の制度がそのままの形で働くことは，めったにない」と書かれていました[7]。解釈論の意図がよく表れています。従って，たとえ解釈論として法定責任説が成り立ち得たとしても，抜本改正をする際には，合理的な説明のできない売主の責任限定を残す理由などないのです。

　なお，最高裁の判例が法定責任説に立っていると言われることがありましたが，この理解は最高裁判決の読み方として誤っていると思います。ま

7　鈴木禄弥『債権法講義（4訂版）』（創文社，2001年）250頁。

た，仮にこの理解が正しかったとしても，改正前の民法の解釈をしていた判例を根拠に，不合理な規定の改正に反対するのはおかしいと言わざるを得ません。しかし，法律家は現状を変えることに反対することが多く，改正に際しては，そのようなおかしなことが往々にして生じます。

以上が，争われた論争の実像です。では，解釈論として法定責任説を持ち出さなければならないような規定がなぜ置かれていたのでしょうか。

2 「特定物ドグマ」

旧570条の瑕疵担保責任が特定物についてだけ適用されるという考え方を支えているのは，**特定物ドグマ**と呼ばれる古い理論です。ドグマという言葉はギリシャ語に由来しますが，堅固な信条といった意味で用いられ，その後，宗教上の教義や，独断的な説という意味で使われます（後者の場合はネガティブなニュアンスです）。

瑕疵担保で使われる特定物ドグマとは，特定物を売買の対象とした以上，売主の義務はその物を引き渡すことに尽き，物の品質は契約内容にならない，つまり，ありのままの物を引き渡せば，品質が悪かろうが，債務不履行責任は一切生じないという考え方です。これは随分片寄った考え方ですので，ネガティブな意味でのドグマというべきです。ただ，この考え方によると，契約で決めた価格と現実に引き渡された物の価値との間でずれが生じます。それを埋め合わせるために特別に法律で定めた責任が瑕疵担保責任だと考えるのです。

欠陥があっても債務不履行ではありませんので，完全な履行をせよという請求権はないわけで，修補請求権もないということになります。このような発想がどこから出てきたかというと，古代ローマの奴隷や家畜の売買で使われていた考え方だと言われています。古代ローマでは，戦争で負けた国の人民を奴隷にして連れてきて，それを並べ，物のように売り買いをしました。売主は買い手に対して，自分の目で評価して買ってくれといいます。優秀そうだと思って買ったところ，実は能力が低かったとか，病気

を持っていたとかいうことがある。これは家畜の売買でも同じです。そういう場合に，売主は責任を負わないというルールだったわけです。

　そのような特殊な売買特有のルールが特定物のルールとして後世に引き継がれ，それを説明するために，ドイツで特定物ドグマと呼ばれる考え方が有力になり，日本に入ってきたというわけです。

　しかし，今日の売買契約で問題となる特定物の多くは工業製品です。典型は建売住宅ですが，欠陥があっても売主に修補義務がないというのは常識に反します。このため住宅については「住宅の品質確保の促進等に関する法律」（住宅品確法）が特則を置いて修補請求が認められ，責任の期間も10年とされています[8]。そのほかの特定物についても，今日では，あえて売主の責任を限定することに合理性はないと考えられています。他方で，特殊な骨董品とか美術品の売買のように，売主の責任を現品を引き渡すことに限定すべき場合（現状有姿の売買などと呼ばれます）は，通常はそのことが明確に合意されますし，合意がなくても当該契約の解釈でそれを導くことができます。

　今回の改正は，以上のような考え方を基礎に置いています。ちなみに，日本の法定責任説にモデルを提供したドイツでは，2002年施行の民法改正で，法定責任説の成り立つ余地のない規定に既に改正されています。

3　「瑕疵」

■ 基準は合意

　瑕疵という概念について，かつての通説が「通常有すべき品質・性能」を判断基準としたのは，契約当事者は通常そのような品質の物を引き渡す旨合意していると解されるからです。だからこそ，それとは違った品質・性能を合意したと解される場合には，そちらが基準となるのです。

8　民法改正に伴う整備法で，住宅品確法には「この法律において「瑕疵」とは，種類又は品質に関して契約の内容に適合しない状態をいう。」という文言を加えましたが，実質的な内容は維持されています。

このように当事者の合意を基準に判断するという考え方は，判例の立場でもあります。たとえば，請負の事例ですが，マンションの主柱に300×300mmの鉄骨を使うという契約になっていたのに請負人が無断で250×250mmの鉄骨を用いた事案で，たとえ構造計算上安全であったとしても（つまり通常有すべき品質・性能を備えていても），一定の厚さの鉄骨を用いることが契約の重要な内容になっていたとして，最高裁は，安全上問題ないことを理由に瑕疵ではないとした原審判決を破棄しました（最判平成15年10月10日判時1840号18頁）。

　また，売買された土地の中に大量のフッ素が含まれていて，安全性の基準値を超えていたため，買主が瑕疵のある土地だと主張した事案では，売買契約を締結した時点ではフッ素は危険とは思われていなくて，安全性についての基準も存在していなかったこと，その後，フッ素は大量にあると危険だということがわかり，安全基準が作られたことが認定され，売買契約の時点では，大量のフッ素が含まれていないということは契約内容になっていないから，瑕疵に当たらないという判断をしました（最判平成22年6月1日民集64巻4号953頁）。つまり，あくまで契約時に当事者がどういう品質の物を給付する合意をしたかを基準に瑕疵を判断したのです。

　そこで，瑕疵という難解な言葉をやめて，契約に適合しているかどうかという，判例が使っている実質的な判断基準を条文に書けばいいではないかというのが今回の改正です。改正法の解説の中には，「瑕疵」概念から「契約適合性」概念に変わったという言い方をしているものもありますが，べつに新たな概念を作ったわけではありません。契約における債務不履行は全て契約不適合です。つまり，契約どおりでないということを言っているだけで，一般原則で処理をするという趣旨です。

■「隠れた」瑕疵

　改正前の570条は，「隠れた瑕疵」という言い方をしていました。改正により，この「隠れた」という言葉もなくなります。それが実務的に影響があると書いている解説もありますが，そんなことはありません。

「隠れた」が意味しているのは，外から見えないということではなく，当事者がそれを前提に取引をしていないということです。隠れていない瑕疵は，当事者がその瑕疵があることを前提に取引をし，価格に反映していますから，瑕疵らしきものがあっても責任は生じません。

　ところで，契約への適合性を判断基準にするということは，契約内容に反映されていない瑕疵が見つかれば契約に適合していないと判断されるわけですから，もはや隠れたという概念は必要なくなります。当事者が一定の欠陥があるということを前提に取引をすれば，欠陥があっても契約には適合しているということになりますし，売主が一定の品質のものを必ず提供すると約束したのにその品質が欠けていれば，契約不適合です。その場合，その品質の欠如が外から見えるかどうかは重要ではありません。

■概念を変えるリスク

　法制審議会の部会審議の中では，瑕疵という言葉を変えることに対して，弁護士会から懸念が示されました。その理由は，瑕疵概念をめぐってこれまで多数の裁判例が蓄積され，それに照らして瑕疵を判断するという実務が確立しているため，「瑕疵」を別の言葉に置きかえることで，これまで蓄積された実務の基準が影響を受けるのではないかという点にあります。

　日本語の法律用語の多くは明治時代に翻訳語として準備されたものですので，そのようなものとして理解され，解釈されてきました。瑕疵はその典型です。ところが，改正法の条文には「目的物が種類，品質又は数量に関して契約の内容に適合しないものであるとき」と書かれています（新562条）。西洋の専門用語の翻訳ではなく，国民一般に分かりやすい日本語に置き換えたわけですが，「品質」をはじめここで使われている言葉は日常語としての意味を持っています。つまり，分かりやすい言葉に置き換えることによって，その言葉がすでに持っている意味が独自の働きをしてしまい，これまで蓄積された瑕疵の判断基準に影響が生ずるのではないかというのです。

　もっともな懸念ですが，目的物が種類，品質に関して契約に適合してい

るかどうかというのは，まさに，判例が行なってきた「瑕疵」の判断基準そのものを明文化したものです。従って，瑕疵について蓄積されたこれまでの裁判例は改正後も維持されると思います。

4　売主の担保責任の内容

改正前の担保責任の規定は，担保責任の類型ごとに救済手段が異なっていました。しかし，率直に言ってあまりできのよい規定ではありませんでした。たとえば，瑕疵担保責任には代金の減額請求権がありませんでしたが，その必然性は理解できません。

では，改正法はそれらの規定をどのように改めたのでしょうか。

■契約不適合の責任

改正法の担保責任の規定は，まず，売買の目的物が種類・品質・数量（以下，「品質等」と言います）に関して契約内容に適合しない場面をひとくくりにして，買主がどのような救済を求められるのかについて詳しいルールを置いています。つまり，改正前の「物の瑕疵」の規定（旧570条）と「数量不足・一部滅失」についての規定（旧565条）の両者を合わせて，物の品質等が契約に適合しない場面の中にまとめ，その救済手段についての共通のパッケージをつくっているのです（新562条〜564条）。目的物が特定物か不特定物かを問いません。その上で，いわゆる権利の瑕疵については，品質等の契約不適合の規定をそっくり準用しています（新565条）。いたってシンプルです。

このほか，改正前は，土地に先取特権や抵当権が存在していた場合（旧567条）や，地上権・永小作権・地役権・留置権・質権が付いていた場合の規定（旧566条）も置かれていました。これらは，いずれも移転した権利が契約内容に適合しない場合に含まれるとして，削除されています[9]。

9　抵当権等の実行を阻止するために買主の費用で不動産の所有権を保存した場合に費用償還請求権があるという特則だけ，新570条に残っています（旧567条2項に対応）。

このことを分かりやすくするために，部会では，売主の義務に関する原則
規定を置いて，その中に「売主は，契約の内容（他人の地上権，抵当権そ
の他の権利の設定の有無を含む。）に適合した権利を買主に移転する義務
を負う」と定めることが審議されていました。この規定があれば，前記の
規定が削除されても，それが権利の不適合の規定で吸収されていることが
分かります。しかし，こんな規定は当然の内容であるとして内閣法制局の
審査で削除を求められ，対抗要件を具備させる義務の規定（新560条）以
外は落ちてしまいました。分かりやすい民法にするという観点からは，残
念な結果です。

■救済手段のパッケージ

改正法には，物の品質等が契約内容に適合しない場合について４つの救
済手段が規定されています。これが担保責任の規律のパッケージとなり，
権利の契約不適合にも準用されます。

担保責任の救済手段 {
①追完請求権
②代金減額請求権
③損害賠償請求権
④解除

第1は，追完請求権です（新562条）。債務不履行の原則では債権者は履
行請求権を持つわけですが，それが契約不適合の場面においては，契約で
約束したとおりの物を給付せよという追完請求権として規定されているわ
けです。具体的には，目的物の修補，代替物の引渡し，不足分の引渡しが
含まれます。

第2は，代金減額請求権です（新563条）。特色は，免責がないという点
にあります。他の救済手段には，債務者が免責される場合があります。追

完請求権は履行不能の場合に免責され（新412条の2第1項），損害賠償請求権も債務者に責めに帰すべき事由がないときに免責されます（新415条1項）。しかし，代金減額請求権には免責がありません。いかなる場合であろうと，契約に適合しない物の価値と契約価格との間に食い違いがあれば，その不適合の程度に応じて代金の減額を請求できます。これは法定責任説が理解していた旧570条の損害賠償の中身とほぼ一致すると思います。つまり，法定責任説の効果は救済パッケージの一部として吸収されています。

代金減額請求権の行使には，追完が可能である限り催告が要求されています。相当の期間を定めて追完せよという催告をし，それにもかかわらず追完がないときに代金の減額請求ができるのです。売主からすると，代金を下げられてしまうよりも，追完した上で代金全額を取りたいという場合があるわけで，そのチャンスを与えるという趣旨です。ただし，催告しても意味がないという場合は直ちに減額請求ができます（新563条2項）。このあたりは，解除の規律と共通していますが，代金減額請求は実質的には一部解除に等しいことを考えれば納得がいきます。

以上のほか，債務不履行の一般原則どおり，第3の救済手段として損害賠償請求が，第4の救済手段として解除ができます（新564条）。ただし，解除については，改正前の民法からの実質的な変更と評価できる部分があります。

■ 解除をめぐる問題

改正前の瑕疵担保責任に準用されていた旧566条は，「契約をした目的を達することができないとき」に解除できると定めていました。改正法も，契約目的が達成できない場合に解除できるという点は同じです（新542条1項5号）。しかし，すでに紹介しましたように（⇒第7章2），契約目的を達成できるときであっても，追完の催告をして催告期間が経過した時点での不履行が契約及び取引上の社会通念に照らして軽微でなければ，解除ができます（新541条）。

　これは債務不履行解除の一般原則が適用された結果ですが，改正前は解除できないはずの場面で，改正法では催告を使うことによって解除できることになります。これは実質的な変更です。それがよかったのかどうかの評価は今後の問題です。

■権利の瑕疵

　いわゆる「権利の瑕疵」は，改正法では，「売主が買主に移転した権利が契約の内容に適合しないものである場合」と表現されます。そして，すでに述べましたように，品質等の契約不適合の規定がそっくり準用されます（新565条）。

■法律上の制限

　瑕疵をめぐって判例が形成してきたさまざまなルールの中で，実務的に重要と思われる論点のひとつが「法律上の制限」の扱いです。たとえば，購入した土地に法律上の制限が課されているために予定した用途に使えないという場合，判例は物の瑕疵に含めて処理をしています。しかし，これは異論が強いところです。

　物の瑕疵か権利の瑕疵かは，競売の場面に違いが生じます。権利の瑕疵については競売においても担保責任はあるとされているのですが，物の瑕疵については担保責任が生じないとされており（旧570条ただし書），この規律は，裁判所の強い要請で改正法でも維持されました（新568条4項）。

　中間試案では，「売主の義務」に関する原則を定めた規律（第35，3）の中の，売主が移転すべき権利に関する規定の中に，「契約の趣旨に適合しない法令上の制限がないものでなければならない」と書き込まれ，法律上の制限が権利の不適合に含まれることが明示されていました。ところが，売主の義務に関する原則規定そのものが，前述のような経緯で削除されてしまいましたので（⇒89頁），法律上の制限をどのように扱うのか，規定の上からは全く見えなくなりました。

　その結果，判例がそのまま維持されるという解釈の余地も文言上は否定

されていません。法律上の規制がかかっているという場面は，予想外の用益物権が存在しているために目的物を使えないというのと類似しているので，物の瑕疵ではなく，権利の瑕疵に含めて処理をしたほうがよいと個人的には思いますが，そのことは文言上は示されていないわけです。

■心理的瑕疵

　瑕疵に関するもうひとつ重要な判例ルールが，「心理的瑕疵」の扱いです。判例は，物の瑕疵に心理的な瑕疵も含むとしています。たとえば，自殺者が出た不動産だとか，殺人事件があった不動産だといったことが，物の瑕疵の一種として扱われています。これらの裁判例を変更するという議論はされていませんので，品質等の契約不適合の中に含めて，従来の裁判例はそのまま維持されると考えられます。

■期間制限

　改正前の民法には，物について瑕疵があったという事実を知ってから1年以内に権利を行使しなければならないという規定が置かれていました。1年以内に何をするのかについて，判例は，売主に対し具体的に瑕疵の内容とそれに基づく損害賠償請求をする旨を表明し，請求する損害額の算定の根拠を示す必要があるとしています（最判平成4年10月20日民集46巻7号1129頁）。これは訴え提起の一歩手前までの行為を要求しているといえます。

　しかし，購入したマンションの地盤について，杭が堅い岩盤に届いておらず耐震強度に不備があるということがわかった場合，そこからいろいろ瑕疵の内容を調査して，損害額がどのぐらいになるか調べるわけですが，これは結構大変な作業で，1年以内に必ずやれるというものではないだろうと思います。しかも，瑕疵担保以外の一般の債務不履行は一切こういう制限なしに，一般の消滅時効が適用されるわけですから，余りにもアンバランスでした。

　そこで，改正法では1年という数字は維持しつつ，事実を知ってから1

年以内に売主に通知するという規律に変更しました（新566条）。通知の中身については，商法の規定が参考になります（商法526条2項）。商人間売買では買主には目的物を遅滞なく検査をする義務があり，瑕疵を発見したときには直ちに通知することが要求されています。直ちにする通知ですから，売主に対して善後策を講ずる機会を与えるため，瑕疵の大体の内容を通知すればよいと解釈されています。その考え方がここにも適用されると考えられます。

　瑕疵を通知すると，権利は保存され，あとは改正法の消滅時効，つまり，権利を行使できることを知ってから5年，客観的に権利行使可能になってから10年という時効期間が適用されます。

　留意すべきなのは，この期間制限が数量不足や権利の不適合についは及んでいないということです。改正前の民法では数量不足についても期間制限がかかっていました。旧565条の数量指示売買における数量不足の場合です。しかも，同条を見ますと，救済手段の中に追完が入っていません。普通，給付した目的物の数が足りないというときに売主が真っ先にやることは，足りない部分を足すということですが，それが入っていない。ということは，改正前の数量指示売買は種類物を想定していないということです。

　問題になるのは通常は不動産です。不動産について面積を価格算定の基準として，一定の広さが確実にあるということを前提に価格を決めたという場合が数量指示売買で，その場合の買主の権利行使に期間制限がかかるわけです。しかし，それはおかしいのではないかというのが改正法の考え方です。そのような数量指示売買で数量が足りないということは，客観的に明らかであって，時間が経過することで瑕疵の存否が不明瞭になるおそれはありませんし，客観的に証明は容易です。そんな場面の買主の権利をわざわざ短い期間制限で制約する必要はないと思われます。

　そこで改正法では，数量不足については，特定物であれ種類物であれ，1年の期間制限は課さないというルールにしています。

■その他の担保責任規定

　以上のほか，改正前に置かれていた他人物売買に関する規定（旧561条）は，そもそも契約で約束した目的物を渡さないわけですから，渡したものが契約に適合しているかどうかという問題とは別の問題であり，債務不履行の一般原則で処理すべきだと考えられます。そこで規定は削除されました。また，他人の権利の売主に解除権を定めた旧562条は，権利の移転を約束しておきながらそれを履行しない売主に，契約からの離脱の権利を認める合理性は乏しいとして，やはり削除されました。

　これらは売買目的物が他人の物であることを知らない売主を保護する趣旨の規定ですが，不動産を含め，今日では物の所有権の所在が売主に分からないことは少ないことや，合意の拘束力を尊重する思想が，改正の背後にあるといえるでしょう。

　以上で大きな論点はだいたい扱いましたので，このあとは，総則（⇒第9章），債権総則（⇒第10章），債権各則（⇒第11〜12章）の順で，これまで扱っていない改正点の中から，主要なものをピックアップして簡潔に解説することにします。

　多くは，確立したルールを明文化して，民法を分かりやすくするという趣旨の改正ですが，中には，単なる分かりやすさを超える改正になっているものもあります。

第9章 分かりやすい民法──総則編

1 意思能力

　総則編でまず取り上げるべきなのは，意思能力に関する規定の新設です。

　意思能力を欠いた状態で締結した契約は無効であるという原則は，判例・通説として確立していました。民法起草者は条文を置きませんでしたが，その理由は，意思能力とは意思表示をする能力であり，意思能力がなければ何かを言ったとしても意思表示にならないわけで，無効であることは自明だと考えたからです。しかし，分かりやすい民法にするという観点からは，この自明とされる原則を明文化する必要があります。そのこと自体には当初から異論はありませんでした。

　ところが，実際に条文を書こうとすると難しい問題がいろいろ出てきました。

■意思能力とは何か

　1999年に改正される前の民法には，成年後見の前身である禁治産という制度が置かれていて，「心神喪失ノ常況ニ在ル者」は禁治産者とされましたが，これは意思能力がないことであると理解されていました。心神喪失の常況にあるとはどういう意味かというと，「精神が常に錯乱して一切本心に服することなき者」（梅謙次郎）などという表現が説明として使われていました。その後，昭和期の通説を打ち立てた我妻榮先生は，意思能力について「自分の行為の結果を判断することのできる精神的能力」と定義し，判断力に重点を置くようになりますが[10]，それでも，法律行為を行なうための最低限の画一的能力を想定していたと思います。

　ところが，東北大学におられた幾代通先生の体系書になりますと，「意

10　我妻榮『新訂民法総則』（岩波書店，1965年）60頁。

思能力の有無は個々の具体的な法律行為ごとに実質的個別的に判断されるべきもの」と書かれていて，意思能力の有無は個々の法律行為ごとに個別的に判断されるべきものとされます[11]。ただ，幾代先生は，意思能力のレベルについて，7歳程度の知能と書かれていますから，個別に判断するとはいえ，ある程度平準化された能力という理解であったと思います。

　それが四宮和夫先生の体系書では，意思能力の水準について7歳から10歳程度と書かれていて，かなり幅が出てきます[12]。法律行為のタイプごとに意思能力を判断していくという傾向が強まるのです。こうして，意思能力を法律行為に応じて柔軟に判断するという傾向が学説上強まってきますが，そうなると，行為能力制度と重なってくるわけです。

■ 成年後見制度

　このような流れの中で，1999（平成11）年に民法に成年後見制度を入れるという改正が行なわれました。禁治産という制度をやめて成年後見に変えたわけですが，その際，成年後見開始の要件として，「心神喪失」という否定的表現をやめて，「事理を弁識する能力」という言葉が使われました。1999年改正の立案担当者は，事理弁識能力について，いわゆる判断能力を指し，意思能力と同義ではないと述べています。

　では，意思能力はどのように理解されていたのでしょうか。その担当者が考える意思能力とは，「法律行為を行った結果を理解するに足る精神能力」とされ，我妻説に近い理解に立っています。意思能力はその有無のみが問題となり，程度を問題とする余地は概念上ないとも書いています。他方，事理弁識能力とは，以上のような意思能力は有したうえで，取引において自己にとっての利害得失の判断，経済合理性にのっとった判断ができる能力であるとされました。

　ところが，先に述べましたように，1999年改正当時の学説の傾向は，法律行為ごとに柔軟に意思能力を判断するという傾向にあり，実際，下級

11　幾代通『民法総則（第2版）』（青林書院，1984年）51頁。
12　四宮和夫『民法総則（第4版）』（弘文堂，1995年）44頁。

審ではそういう判決が幾つも出ていました。このような学説や下級審裁判例の傾向とは必ずしも一致しない理解で解説がされたことが，その後の曖昧さをもたらしたように思われます。

　もちろん，1999年改正の立案担当者は学説の傾向にも触れ，そういう学説のような理解もできるし，この改正法はそういう理解からも説明できると書いてはいます。しかし，意思能力を最低限の画一的能力ととらえるか，行為に応じて水準の変わるものととらえるかは，根本的な違いであり，その調整がされないままに行為能力制度が改正されました。

　このような理解の対立が，今回の改正でもずっと尾を引くことになり，結局，意思能力の捉え方について，部会でもコンセンサスの形成ができませんでした。

■ **コンセンサスの難しさ**

　たとえば，民法9条を見ると，成年被後見人が行なった法律行為は取り消せるとしたうえで，「ただし，日用品の購入その他日常生活に関する行為については，この限りでない」と定めています。この規定は自己決定の尊重のあらわれと説明されていますが，1999年改正の立案担当者は，日用品の購入をする際に意思能力があることは前提としていました。なぜなら，意思能力がなければ意思表示の意思が欠けてしまって，そもそも有効とすべき意思表示がなくなってしまうからです。これは民法起草者と同じ発想です。ここでは，成年被後見人に意思能力はあるけれども事理弁識能力がないという状態が想定されていることになります。しかし，意思能力を，特定の法律行為をするのに必要な判断能力と解する立場に立つと，このような単純な行為について，意思能力と事理弁識能力を分離するのが現実的でしょうか。

　このあたりについて，明快な整理をしてコンセンサスを形成することができませんでした。そこで，意思能力の定義はあきらめて，原則だけを書くことにしたのです。総則の「人」に関する第2章に，第1節権利能力に続いて第2節意思能力が新たに置かれ，そこに唯一の規定として新設され

た３条の２は，「法律行為をした当事者が意思表示をした時に意思能力を有しなかったときは，その法律行為は，無効とする」と定めています。

　定義がないのは無責任に見えるかもしれませんが，もともと民法には意思能力についての規定すらなかったわけで，定義がないのは改正前の状態と変わりません。意思能力概念の理解をめぐっては，これまでの学説・裁判例の流れを肯定しつつ，解釈にゆだねられたということです。

２　錯誤

■３つの争点

　総則編の第５章法律行為に関してもいくつかの改正がされましたが，何といっても特筆すべきは錯誤についての改正です。

　錯誤については，旧95条が「意思表示は，法律行為の要素に錯誤があったときは，無効とする」と定めていましたが，「法律行為の要素」という言葉が分かりにくいという点については異論がなく，これをもっと分かりやすく言いかえるべきであるという点についてはおおむね共通の理解がありました。

　しかし，問題が３つありました。第１に，**要素の錯誤**が何を意味するかについて，一応判例・通説とされる考え方がありましたが，これをどのように条文として定式化するか。第２に，民法の起草者は錯誤を意思が欠けること（**意思の欠缺**と呼ばれました）ととらえたため，腕時計を落としたと勘違いして新しい腕時計を買った場合のように，新しい腕時計を買うという意思はあるけれど買う理由（動機）の部分に勘違いがある場合は，起草者以来，**動機の錯誤**として旧95条から排除されていました。ところが，判例は一定の要件のもとで動機の錯誤も要素の錯誤になるとしています。この判例ルールを条文としてどのように定式化するか。そして第３に，錯誤の一類型として**不実表示**ないしそれに類するルールを書き込むかどうか。この３つが主たる争点でした。

■要素の錯誤

　従来の判例・通説は，要素の錯誤とは意思表示の内容の重要な部分に錯誤があるという意味だといいます。では，意思表示の内容の重要な部分の錯誤とは何かというと，(a) その錯誤がなかったならば本人はその意思表示をしなかった場合で（因果関係），かつ，(b) 同じ立場に立った通常人もそんな意思表示はしなかったであろうと考えられるほどに重要な錯誤であること（重要性），と説明していました。こうして (a) 因果関係と (b) 重要性という2つの要素を抽出して，これが要素の錯誤の意味だと説明してきました。これを明文化することに部会では異論はありませんでした。

■動機の錯誤

　動機の錯誤については，部会の審議をしていた時点で最も新しい最高裁判例が，平成元年9月14日の判決[13]でした。事案は，自らの不倫を理由に離婚した夫が，裸一貫から出直すとして，ほぼ全財産に相当する自宅の不動産を妻に財産分与する合意をしました。その際，妻に贈与税が課税されると思い込んでいたけれど，その後自分に譲渡所得税が課税されることが分かったので（バブル経済期でしたので税額は2億円を超えました），錯誤無効を主張した，というものです。

　最高裁は，「意思表示の動機の錯誤が法律行為の要素の錯誤としてその無効をきたすためには，その動機が相手方に表示されて法律行為の内容となり，もし錯誤がなかったならば表意者がその意思表示をしなかったであろうと認められる場合であることを要する」と言いつつ，本件で錯誤を認めなかった原審を破棄しました。

　ところが，同じ論点を扱った最高裁のほかの判決も見てみますと，動機の表示に加えて，「意思表示の内容」になるということを挙げる判決もあって，判例は必ずしも統一されていませんでした。

　どのような違いがあるのかというと，たとえば，契約の申込みや承諾は

13　判時1336号93頁。

意思表示ですから，申込みや承諾の意思表示の中に動機を明示または黙示に表示して盛り込めば「意思表示の内容」になります。他方，法律行為の代表は契約ですから，「法律行為の内容」になるということは，契約内容になるということです。つまり，動機が申込みの内容になっているだけではなく，相手方がそれに対して承諾をして，合意の内容（法律行為の内容）に取り込まれるということが必要になる。このように，意思表示の内容か法律行為の内容かは大いに中身が違うわけです。

　しかし，その違いをどこまで裁判所が意識しているのかがよく分かりませんでした。最高裁で錯誤について判断をした判決は，1件を除いて，全て結論として錯誤を否定しています。ですから，意思表示の内容と法律行為の内容のいずれを要求するかで結論に差があるのかどうかがわからない。かつ，錯誤を肯定する方向で原審を破棄した1件が先ほどの平成元年の最高裁判決ですが，差し戻された東京高裁は，どちらに課税されるかについて夫も妻もともに誤解をしていた，つまり**共通錯誤**の事案であったということを認定し，かつ動機は黙示に表示されていたと認定して，要素の錯誤に当たると判断しました[14]。法律行為の内容になることを要するかどうかに触れていません。

■議論の紛糾

　このように，下級審まで含めても，裁判例から統一的なルールを抽出することはできないように思われました。このため，条文にどちらを採用するかをめぐって，部会の議論が収斂しませんでした。大まかにいえば，一部の学者が，主として理論的理由から法律行為の内容になることを要件とすべきだと主張し，実務家が，それでは要件が厳しすぎると主張する，という構図でした。中間試案では，法律行為の内容になることを要件とする案を作りましたが，裁判所を中心に，これでは実際の実務より錯誤が認められる場合が狭くなるとの異論が出ました。

14　判時 1387 号 62 頁。

　対応に苦慮した法務省は，終盤近くになってから，動機を表示するというところに重点を置いた条文案を提示して，それでコンセンサスが形成できなければ錯誤の改正を断念するという方針を示しました。この部会で，法律行為の内容になるという要件を強く主張していた学者委員が折れ，改正を実現することを優先する態度に転じましたので，土壇場で，ようやく議論が収斂する道筋がついたように見えました。

■ 不実表示

　不実表示のルールの明示については，経済界が反対していました。中間試案には，相手方が事実と異なることを表示して錯誤が引き起こされたときは，動機の錯誤でも契約の取消しを認めるという案を提案していました。これは判例から導けるルールでしたが，経済界は，濫用のおそれがあるとして絶対反対というスタンスでした。他方で，この案は，学者や弁護士会などから強いサポートがありました。結局最後までコンセンサスの形成ができず，部会が決定する改正要綱案の原案である要綱仮案を作成する直前の時点では，事務当局から部会に案を示すことができず，もはや風前の灯火という状態になりました。

■ 要綱仮案

　以上のような審議経過を経て，2014年の8月26日に要綱仮案が示されました。部会が要綱案を決定するのは翌年の2月ですが，まず条文案を固めたあとで，それにあわせて他の法令を改正するための整備法を作る作業が必要ですので，2014年8月が条文案を審議する最終段階でした。

　ここで，不実表示が落ちたのですが，それだけではなく，要綱仮案は錯誤のルールにとって特筆すべき案となりました。なぜなら，それまで部会で審議してきた要素の錯誤の定式化と動機の錯誤の定式化のいずれについても，部会で審議していた案とは全く異なる新たな条文案が示されたからです。

　審議の最終段階で，これまで審議していたのとまったく違った案が出て

きたわけですから，普通ならば部会は騒然となって混乱し，錯誤の改正は断念されるところです。しかし，事務当局が事前に委員たちに丁寧な説明をしていたこともあり，混乱は最小限に抑えられ，委員からは「驚愕した」という発言もありましたが，最終的に仮案が採択され，これが改正法となりました。

　突然，条文案の中身が入れ替わった理由は，部会審議と並行して進んでいた内閣法制局の審査で，部会で審議していた案では審査を通らず，内閣法制局の意向を反映した文言に修正せざるを得なかったためです。法制局の意向によってこれほど部会の案の内容が入れ替わるのは，法制審議会の審議ではあまり例がないと思います。そのこと自体は深刻な問題をはらんでいます。多数の部会委員・幹事が長時間審議した案が，数名の内閣法制局官僚の意見によっていとも簡単に変えられてしまうからです。

　ただ，錯誤の規定に限っていえば，これまでの判例・通説の文言へのしがらみのない内閣法制局から大胆な書き換えを迫られた結果，皮肉にも，分かりやすい民法という観点からは，それまでより改善された案になったように思います（弁護士会など実務家サイドからは概して好評でした）。

■改正法の内容

　改正された95条は，錯誤の種類を，意思表示に対応する意思が欠けている場合（1項1号）と，動機の錯誤（1項2号）に分けていますが，動機の錯誤を，「表意者が法律行為の基礎とした事情についてのその認識が真実に反する錯誤」と表現しました。「法律行為の基礎とした事情」という表現はまったく新規なものですが，当時，内閣法制局で審査が進んでいた「事情変更の原則」に関する条文案で使われていた表現でした（事情変更の原則は，経済界の反対により明文化が実現しませんでした）。契約の基礎とした事情について，契約締結時に誤った認識を持っているのが錯誤で，契約締結後にその事情に大きな変化が生じて認識との食い違いが生ずるのが事情変更という整理です。このような理解は，両制度の沿革から考えても十分成り立ちます。

　そして，改正前の「法律行為の要素に錯誤があったとき」という要件は，「法律行為の目的及び取引上の社会通念に照らして重要なものであるとき」と表現しました。判例ルールの背後にある理解を端的に表現したものです。

　次に，動機が表示されるという要件については，その「事情が法律行為の基礎とされていることが表示されていたときに限り」，意思表示を取り消すことができる（2項）と表現することで取り込みました。

　また，錯誤の効果は，改正前の「無効」を改めて，「取消し」としています。改正前から，無効といっても表意者からだけ主張できる相対的無効とされてきましたし，表意者に帰責の要素のない詐欺の場合（動機の錯誤が欺罔行為によって引き起こされる場合）でさえ，効果は取消しで期間制限（126条）に服するのに，一方的に勘違いする錯誤の場合に無制限に無効を主張できるのではバランスを失しますので，取消しに改めることが支持されました。

　さらに，表意者に重大な過失があったときは自ら無効を主張できないとする改正前の規定は維持しつつ，2つの場合に，重過失があっても取消しができるとしています。第1は，相手方が，表意者に錯誤があることを知っていたか，重大な過失で知らなかったとき（3項1号）。第2に，相手方も同一の錯誤に陥っていたとき（3項2号）です。これらの場合は相手方保護の必要がないからです。第2の場面は，**共通錯誤**と呼ばれます。

　4項は，錯誤取消しが善意・無過失の第三者に対抗できないと定めていますが，これは，詐欺や強迫による取消しと平仄を合わせたものです（新96条3項参照）。

　改正法の文言で，従来の判例が動機の錯誤について課していた要件はほぼ取り込まれていますので，従来の判例は改正法のもとでも維持されると言ってよいと思います。そして動機の錯誤の認定が今までよりも広がったり狭まったりすることもないと思います。ただ，要件の文言は変わりますので，錯誤を主張する際の議論の立て方には影響しますが，悪影響はないのではないかと思います。

3 意思表示の効力発生時期

法律行為の章（第5章）の他の改正点として，意思表示の効力発生時期に関する規定の改正についても触れておきます。

■意思表示の到達

改正前は，97条に**隔地者**に対する意思表示に関する規定が置かれていましたが，「隔地者」という言葉を削除することとしました。隔地者というのは**対話者**に対する概念で，文字どおり距離が離れているという意味です。かつては，人間は近くにいれば対話をする，離れていれば郵便で通信をすると考えられており，それを前提に作られた言葉です。しかし，現在は通信手段が多様化して，通信で用いる媒体と距離とが対応しなくなっています。スマートフォンで隣人とSNSを使ってやりとりをすることは何ら異例ではありません。つまり，どのような通信手段を使うかということと距離とが対応しなくなっています。また，対話者間で意思表示をする場合も，相手に声が聞こえなければ，意思表示が到達したのかどうかが問題となりえます。つまり，対話者間でも意思表示の到達は観念することができます。そこで，意思表示は「その通知が相手方に到達した時からその効力を生ずる」という**到達主義**の規定を，隔地者という限定を置かずに定めることにしました（新97条1項）。

■到達の意味

問題は，**到達**の意味です。判例は，了知可能な状態に置くことだと述べたものがありますので，これを明文化し，さらに，電子的な意思表示についても到達のルールを置くことが検討されました。中間試案では，ア「相手方又は相手方のために意思表示を受ける権限を有する者の住所，常居所，営業所，事業所又は相手方等が意思表示の通知を受けるべき場所として指定した場所において，意思表示を記載した書面が配達されたこと」，イ「了知することができる状態に置かれたこと」といった規定を提案していまし

た。さらに中間試案の前の中間的な論点整理の段階では，電子的な意思表示について，相手方が設置又は指定した受信設備に意思表示が着信した場合というような案も提案していました。

しかし，到達概念を明確にする提案は全て落ちました。もしかしたら，これは審議されたタイミングも影響したかもしれません。部会審議の初期の段階の弁護士会は，細かなルールを置くなというスタンスをとっていました。電子的な意思表示についても，技術は日進月歩であるから細かなことを書くなというスタンスで反対し，すべて解釈に委ねるべし，ということになったのです。その後，部会審議の終盤になると，弁護士会のスタンスは変化し，保証の規定に見られるように，極めて詳細な条文案が弁護士会から提案されるようになりましたので，この頃審議していたら，結果は違ったかもしれません。

ちなみに電子的な契約に関しては，2016年に成立し施行されたフランスの改正民法でも，あるいはそれ以前に改正されていたドイツの民法でも，詳細な規定が置かれています。それに比べると，電子的なコミュニケーションにおいて何をもって到達と言うかという実務的に重要な点について，手がかりとなる規定すら置けなかったということは，やはり日本の今回の改正は時代の流れに追いついていないという印象は否めません。分かりやすい民法にするという観点からは，残念なことです。

■ **到達擬制**

改正されたのは，新97条1項の文言を多少修正したこと，及び相手方が到達を妨げたときの到達擬制の規定が入ったことです（2項）。

到達擬制については判例の明文化がめざされました。最判平成10年6月11日[15]は，弁護士から内容証明郵便が送られてきたけれど，留守であったため不在の配達通知が残っていた。受信した側は何が送られてきたかは大体予想がついていたが，受け取りたくないものだったので，忙しいといっ

15　民集52巻4号1034頁。

て取りに行かなかった。こういう事案で到達したものとみなすと判示しています。

部会では,「正当な理由なく意思表示の通知を受けることを拒んだとき」という案が検討されていましたが,内閣法制局の審査で,「拒んだ」では広いと指摘され,逆に,立案担当者は,「拒む」というと判例より狭くなるのではないかと懸念し,結局,「妨げた」という表現になりました。

しかし,平成10年の最高裁判決の事案を考えますと,不在の配達通知が来ていて取りに行かなかったというのを「妨げた」と言うべきなのかどうか。表現としてまだ狭い印象も受けますので,「妨げた」は柔軟に解釈すべきだろうと思います。

4　代理

以上のほか,法律行為の章では,代理(第3節)に関してルールを明確化するための改正が多く行なわれました。殆どは判例ルールなどの確立した解釈論の明文化です。

ここでは,**代理権の濫用**についての規定の新設に触れておきます。代理権の濫用とは,物品の売却の代理権を持っている代理人が,代金を自分が着服する目的で代理権を行使した場合のように,「代理人が自己または第三者の利益を図る目的で代理権の範囲内の行為をした場合」(新107条)をいいます。このとき,一定の要件のもとで代理行為の効力を否定するというのが判例です。ただ,直接それを定める規定がないために,判例は,心裡留保の規定(93条)の類推適用というやや無理な法律構成でその結論を導いていました(相手方の悪意または有過失を要件とするためです)。

改正では,端的に,代理権の濫用を相手方がそれを知り,または知ることができたときは,その行為は無権代理とみなすという規定を置きました(新107条)。分かりやすい民法を作るという観点からは有益な改正といえます。

5　無効及び取消し

■ 無効の効果

　法律行為の章の第4節に置かれた「無効及び取消し」に関しても，ルールを明確化するための改正が行なわれています。ここでは無効の効果についての規定の新設を取り上げます。

　改正前は，法律行為を無効とするルールや，取り消された行為は初めから無効であったものとみなす，といった規定はありましたが，無効となった場合の効果については規定がありませんでした。

　原則からいえば，契約が無効になれば不当利得の問題となり，703条704条の原則で処理されます。ところが，履行が終わった双務契約の無効に関しては，不当利得の原則を適用したのでは必ずしも公平な解決にならないと考えられています。

　たとえばAがBに財産甲を給付し，Bが代金を支払ったという売買契約において，契約が無効になったとしますと，Aは受け取ったお金を返還し，Bは目的物甲を返還することになります。ところが，受けとった目的物甲をBが善意で滅失させてしまったときは，Bのもとにはもはや返すべき利益がありませんので，703条の原則からすると，Aは受け取ったお金を返すけれども，Bは「利益の存する限度において」返還義務を負い，甲が滅失して利益がなければ，何も返さなくてよいということになりそうです。

　しかし，双務契約が無効となった場合の原状回復においては，これでは公平ではなく，双方が受けた給付（またはその価額）を返還すべきだと考えるのが学説の一般的な考え方です。そこで，そのことが分かるルールを書こうとしましたが，いろいろな議論が出て収拾がつかず，最終的にルールとして残ったのは異論のない部分だけです。

■ 改正法の内容

　新121条の2は，1項で「無効な行為に基づく債務の履行として給付を受けた者は，相手方を原状に復させる義務を負う」とだけ書いています。

ここでいう原状回復義務とは，返還すべき目的物が減失した場合には，その価額を返すという義務が残るというのが立案担当者の意図ですけれども，文言上は明示されていません。

　このように規定の内容が非常にシンプルに細ってしまった理由はいろいろありますが，少なくともその1つは，原則を書こうとすると，消費者が絡むような場面について消費者保護の特則を入れよといった議論が出てきて，収拾がつかなかったことでした。原状回復に関しては原則的なルールを分かりやすく書いて，消費者保護のルールは，消費者契約法などに別途置くのがよいと思いますが，合意形成はできませんでした。

第10章 分かりやすい民法──債権編総則

1　債権者代位権・詐害行為取消権[16]

　債権者代位権，詐害行為取消権は，いずれも改正によってそれまでのシンプルな規定が，条文の数も文字数も格段に増加し，民法を分かりやすくするという点では，今回の改正を象徴する論点といえます。もっとも，債権者代位権が実際に使われる場面はそれほど多くはなく，詐害行為取消権は債権回収という限られた局面で使われる専門性の高い制度ですので，以下では，改正のポイントだけ簡潔に触れるにとどめます。

■債権者代位権

　債権者代位権は，債務超過に陥っている債務者Sが，取引先Zからまだ回収していない債権があって，その消滅時効が迫っているのに，「回収したところでどうせ自分の債権者に取られてしまうだけだ」と権利の行使を怠っているときに，Sに対する債権者Aが債務者Sに代わってその権利を行使するという制度です。

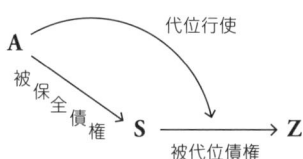

　この例のように，債務者が責任財産の減少を放置する場合に使われます。改正前の民法には423条の1ヵ条しかなく，具体的なルールの形成はすべて判例にゆだねられていました。そこで，判例ルールを明文化する形で規

16　本節について，詳しくは拙著『民法Ⅲ（第4版）』第11章をご参照ください。

定が補充され（なかには判例とは異なるルールもあります），条文数は7ヵ条となり，文字数も約6倍になりました。

　もともと，債権者代位権はフランス法に由来し，フランスでは民事保全制度の不備を補う役割を果たしていたといわれます。しかし，日本は民事執行・保全制度に関してはドイツの完備した制度を導入しましたので，ドイツに債権者代位権制度がないのと同様，日本でも不要だとの説も有力でした。

　しかも，債務者SのZに対する債権を，Sに対する債権者Aが代位行使したとき，AはZに対して「Sに弁済せよ」と請求することになりますが，Sが受け取らない恐れもあるため，A自身に支払えと請求することもできるというのが判例でした。Aは受けとった弁済金をSに返す必要がありますが，その返還債務と自分のSに対する債権を相殺すれば，Sに対する他の債権者に先んじて優先弁済を受けることができます（**事実上の優先弁済**と呼ばれます）。

　しかし，AがSのZに対する債権から弁済を得るためには，本来なら，AはSに対する債権について勝訴判決などの債務名義をとったうえで，SのZに対する債権を差し押さえ，債権執行の手続で債権回収しなければならないはずです。それなのに，債権者代位権を使うと，債務名義なしに優先的に債権回収できてしまうのはおかしいとの指摘がなされてきました。

　そこで，債権者代位権を廃止することも提案されました。しかし，実務界は，それほど支障が生じているとはいえない現にある制度を廃止する，ということには強く抵抗します。このため，制度は残ることになりました。その代わり，代位権の力を弱くする方向での改正がされました。

　すなわち，改正前は，債権者代位権の行使が始まると，債務者Sは権利の行使ができなくなるというのが判例でしたが，改正法では，AがSの権利の代位行使を始めても，S自身は自分の債権を行使することは妨げられず，Zも任意にSに対して弁済することができることとしました（新423条の5）。その結果，せっかく債権者代位権を行使しても，空振りに終わり，代位債権者（A）が優先的に弁済を受けるという「うま味」が得られない可

能性があります。債権者代位権制度が，今度どの程度使われるのか，注目
されるところです。

■詐害行為取消権

　詐害行為取消権は，債務超過に陥った債務者が自暴自棄になって財産を
不当に処分したり，一部の債権者にだけ不当に弁済したりする行為を取り
消すことができる制度です。改正前の民法には3ヵ条しかありませんでし
たが，改正により条文数は14ヵ条に，文字数にして10倍以上に増えました。
今回の改正で最も大きく変貌した制度のひとつです。

　改正の内容は，基本的に，破産制度との整合性をはかるものです。破
産の際にも，破産者の行為を事後的に否認できる**否認権**という制度があり
ますが，これが2004年の破産法改正で大幅に整備されました。詐害行為
取消権と否認権は，機能的には同じ趣旨の制度ですし，総財産を清算する
破産の際の否認権にできないことが，平時の詐害行為取消権にできるのは
不釣り合いですので，そういった観点からの調整が図られ，ルールが明確
化されました。

　実は，詐害行為取消権の判例ルールを確立したのは，明治44（1911）年
3月24日の大審院連合部判決[17]でした。民法が施行されてわずか13年で
このような精緻な判例理論が形成できたというのは，日本の法学の進歩の
速さを感じさせます。しかし，その後100年以上が経過して，さすがに耐
用年数が切れていましたので，大幅に合理化されたわけです。たとえば，
大審院判例では，取消しの効果は相対的で債務者に及ばないとされていま
したが，それでは取消権行使によって債務者の元に戻った財産に債務者に
対する債務名義で執行できることの説明に窮するなどの問題が生じていま
した。改正では，取消判決の効果が債務者に及ぶことを明示して（新425
条），これらの難点を解消しました。

17　民録17輯117頁。

2　連帯債務・連帯債権 [18]

■連帯債権

　債権債務の当事者が複数になる場面として，これまで民法には，連帯債務，不可分債権，不可分債務という制度が置かれていましたが，連帯債権の規定が欠けていました。あまり例がないと考えられたためですが，実際には連帯債権ではないかと考えられる事例も存在しますし，近年では，こんな場面での活用も議論されています。

　債務者に対して複数の債権者が共同で融資を行なう協調融資のうち，共通の契約条件を用い（ただし融資額は異なることが多い），貸付人団として統一的な意思決定を行なうことが合意されているものを**シンジケート・ローン**といいます。ところで，シンジケート・ローンの債権者ABCが，それぞれの債務者Sに対する債権のためにSの不動産上に抵当権の設定を受ける場合，ABCが個別に抵当権の設定を受けると，たとえば，Aの債権を譲渡する場合などに，担保権の処理のための事務が繁雑となり費用もかさみます。そこで，AのSに対する債権と同一内容の連帯債権をE（エージェントと呼ばれます）に帰属させ，同様にB，Cの債権についても同一内容の連帯債権をEに帰属させて（ABCの原債権と同一の並列的債権なので**パラレル・デット**と呼ばれます），Eがパラレル・デットを被担保債権としてSから抵当権の設定を受けるのです（Eは３つの債権を被担保債権としてひとつの抵当権の設定を受けることも可能です）。これによってシンジケート・ローンの担保権を簡易に処理することができるようになります。このような連帯債権の創設が可能かどうか，議論がありますが，三当事者の合意があれば可能と考えられ，連帯債権の活用例といえるのではないかと思います。

　そこで改正では，連帯債権についての規定を新設しました（432条〜435条の２）。

18　本節について，詳しくは拙著『民法Ⅲ（第４版）』第13章をご参照ください。

■ 連帯債務の改正

　もうひとつ重要な改正点として，連帯債務の性質に修正が加えられました。改正前は，連帯債務者の 1 人について免除があったり消滅時効が完成したりした場合，他の連帯債務者にも影響が及びました。このように他の連帯債務者に影響する事由を**絶対的効力事由**といいますが，従来は，絶対的効力事由が多かったのです。改正では，絶対的効力事由を減らし，債務の弁済やそれに相当する事由以外は他の連帯債務者に影響しないようにしました（**相対的効力の原則**を強化しました）。

　改正前の民法で絶対的効力事由が多かった理由は，連帯債務者間に何らかの共同関係があり，お互いの連絡が密であることを想定して連帯債務制度を設計していたからです。しかし，実際に生じる連帯債務は，共同不法行為のように，互いに無関係の債務者相互のことが多く，そのような場面で絶対的効力事由が多いのは，債権の効力が弱くなり，債権者に不利でした。そこで，民法上の連帯債務と異なり絶対的効力事由の限定された**不真正連帯債務**という概念が創出されて，こちらが多く使われていました。

　改正では，連帯債務自体の絶対的効力事由を減らし（履行の請求，免除，消滅時効の完成は絶対的効力事由から相対的効力事由に変更されました），実際の需要に応じられるようにしました。これは任意規定ですから，もっと絶対的効力事由を増やしたい場合はその旨の合意をすることができます。そして，そのような必要があるのは，債務者間に共同関係がある場合ですから，そのような合意をすることも容易なことと考えられます。

　ちなみに，連帯保証には連帯債務の規律が適用されますので（新458条），たとえば，改正前は連帯保証人に対して債権者が履行を請求すれば，主たる債務者にも時効中断の効果が及びました。しかし，請求が相対効とされたことから，今後は，主たる債務の消滅時効の完成を阻止するには，債権者は主たる債務者に対して請求をする必要があります。

3　債務引受・契約上の地位の移転[19]

　民法には債権譲渡の規定がありますが，従来の民法の教科書を見ると，債権者が交代する債権譲渡のほかに，債務者が変わる債務引受，さらに，両者が複合した場面として，債権・債務を含めた契約上の地位が移転する場合があるとして，その要件が解説されています。判例学説上異論なく認められているけれど，民法に規定が欠けていたのです。

　改正では，債務引受について，従来の通説に従って，**並存的債務引受**（新470，新471条），**免責的債務引受**（新472条～新472条の４）の規定が新設され，契約上の地位の移転についても，契約の章（債権各論の冒頭）に新しい款が置かれ，規定が新設されました（新539条の２）。

　いずれも，実務ではよく使われる制度なのに規定が欠けていたので，規定を補いルールを明確化したものです。

4　弁済[20]

　弁済についての規定も，分かりやすさという観点から様々な改正がされました。そのうち３点，ご紹介します。

■弁済の定義

　第１に，今回の改正が，分かりやすい民法をめざしたことを象徴する例として挙げられるのが，弁済の冒頭規定です（新473条）。これまで民法の弁済の款は，第三者弁済の規定（旧474条）から始まっていました。本来，弁済というのは債務者が債権者に債務を履行することですが，債務者ではない第三者による弁済というイレギュラーな場面から規定が始まっていたのです。原則を書かずに例外から始めるというのは，日本民法の分かりにくさを象徴していました。そこで，新473条は，債務者が債権者に債務を

19　本節について，詳しくは拙著『民法Ⅲ（第４版）』第９章をご参照ください。
20　本節について，詳しくは拙著『民法Ⅲ（第４版）』第３章をご参照ください。

弁済したときは，債権が消滅するという原則を明文化しました。

■第三者弁済の規定整備

　第2に，改正前の民法は，第三者も弁済できるとしつつ，利害関係のない第三者は債務者の意思に反して弁済できないと規定し，その場合の弁済は無効になると解されていました。債権者としては，第三者からの弁済を受け取ったあとで，実は債務者の意思に反するとなると，受け取ったお金を返さなければならないわけで，立法論として批判されていました。

　改正法では，「利害関係を有しない第三者」という言い回しを，弁済による代位で用いる，弁済をするについて「正当な利益」を有しない第三者という表現と揃えたうえで（同じことに異なる言い回しを使っているとして批判されていました），債務者の意思に反することを債権者が知らなかったときは，有効な弁済になることとしました（新474条2項ただし書）。

　さらに，第三者弁済が可能としても，反社会的勢力に属する第三者が弁済しようとしたときに，そのような者との関係を生じさせないために，受領を拒絶できるようにしてほしいとの経済界からの要望に応えて，債権者は「正当な利益」を有しない者からの弁済を，原則として拒絶できることとしました（新474条3項）。ただし，第三者が債務者から弁済の委託を受けており，そのことを債権者も知っていたときは拒めません（同項ただし書）。

■振込みの規律

　第3に，現代の弁済において頻繁に用いられているのに民法に規定のなかった，銀行等への振込みによる弁済について，明文規定を置きました（新477条）。預貯金口座への振込みによってする弁済は，振り込まれた金額の払戻しの権利を債権者が取得した時点で弁済の効力が生ずる，という規定です。払戻しの権利を取得する時点は，通常は入金記帳の時点と考えられますが，この点は様々な実務がありうるので，条文で限定することは避け，振込みによって有効に弁済できるという原則だけを明記したのです。

5 相殺[21]

相殺についての重要な改正点は2つあります。

■ 相殺の禁止

第1に，改正前の民法には，不法行為による損害賠償債務を負う債務者
は，それを受働債権として相殺できないという規定がありました（旧509
条）。不法行為の被害者に現実の賠償を得させ（「薬代は現金で」などと言
われます），また，不法行為によって損害を被った被害者が腹いせに仕返
しをして，その賠償債務と相殺しようとすることを防止する趣旨と言われ
ます。

しかし，それが相殺を禁ずる理由なら，双方が物損のみを負う交通事故
による損害賠償債務については，「薬代は現金で」の考慮は妥当せず，む
しろ相殺によって簡便に決済する方が当事者双方にとって便利です。また，
腹いせ防止（不法行為の誘発防止）のためには，腹いせを目的とする不法
行為による損害賠償債務の相殺を禁止すれば十分です。

そこで改正法は，①悪意（単なる故意ではなく，積極的に他人を害する
意思）による不法行為に基づく損害賠償債務，及び②人の生命・身体の侵
害による損害賠償債務について，債務者の相殺は債権者に対抗できないこ
ととしました（新509条1号，2号）。②の損害賠償債務は，不法行為に限
らず債務不履行による損害賠償債務（安全配慮義務違反による損害賠償債
務など）も含まれますので，その点では相殺禁止の範囲を改正前より拡大
しています。

この改正により，不法行為の被害者が腹いせの仕返しをしたときは，そ
れによる損害賠償債務で相殺を主張できません。また，双方が物損の不法
行為においては，相殺は制約されません。

---

21 本節について，詳しくは拙著『民法Ⅲ（第4版）』第10章をご参照ください。

■ 差押えと相殺

　第2に，いわゆる差押えと相殺をめぐる論点について，改正前の511条をめぐって解釈の対立がありましたが，これを立法的に解決しました。

　たとえば，SがB銀行から貸付を受ける際に，SがB銀行に定期預金を入れて，これを担保にB銀行が貸付をすることがよくあります（**預金担保貸付**と呼ばれます）。このような事案で，Sの債権者GがSのB銀行に対する定期預金を差し押さえたとき，B銀行は貸付債権と預金債務を相殺することで債権を回収しようとします。

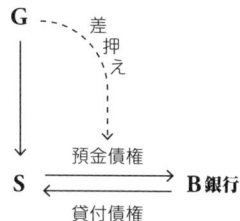

　このとき相殺ができるかどうかについて，旧511条は差押え「後に取得した債権による相殺をもって差押債権者に対抗することができない」と規定しているだけでしたが，学説には，B銀行の自働債権（Sに対する貸付債権）の弁済期が，受働債権（預金債務）の弁済期より遅いときは，自分の債務を遅滞しなければ相殺適状に達しないわけですから，そのような相殺の期待は保護に値しないとして，弁済期の先後によって相殺の可否を判断する考え方（**制限説**）が有力でした。

　最高裁は，昭和39年の大法廷判決[22]でいったん制限説を採用しましたが，7対6の僅差による判決でした。はたして，6年足らず後の昭和45年6月24日の大法廷判決[23]で判例変更されて，弁済期の先後を問わず相殺を認める**無制限説**が採用され，今日に至っています。

　弁済期は偶然の事情で決まるけれど，貸付をする側は弁済期の先後を問

22　最大判昭和39年12月23日民集18巻10号2217頁。
23　民集24巻6号587頁。

わず相殺への期待を持っているもので，それは今日の経済取引において保護に値するという判断です。学説はなお分かれていましたが，すでに無制限説に立った実務が半世紀近く続いていましたので，新511条は，旧規定に「差押え前に取得した債権による相殺をもって対抗することができる」という文言を加えて（1項），無制限説を採用することを明示しました。

　さらに，破産法の相殺権保護の規律と平仄を合わせ，新511条は2項を新設して，差押後に取得した債権でも「差押え前の原因に基づいて生じたものであるときは」相殺を対抗できることとしました。たとえば，賃貸借契約が差押前に締結されていたときは，差押後に発生した賃料債権を自働債権として相殺を主張できます。

　相殺の担保的機能の認知が進み，これを保護すべき要請が広く理解されてきたことの反映といえるでしょう。

6　更改[24]

　民法の改正作業が進行していたとき，改正への理解を広げるために，私は全国で多数の講演を行ないましたが，改正前の民法が国民一般に分かりにくいことを示す例として，先に出てきた弁済の冒頭規定のほか，更改の規定もよく取り上げました。

　改正前は更改について6ヵ条が置かれていましたが，最初の規定は，次のようなものでした。

　「当事者が債務の要素を変更する契約をしたときは，その債務は，更改によって消滅する。」（旧513条1項）

　更改という制度は，古代ローマ法以来の古い歴史を持つ制度で，債権譲渡などが自由に行なえなかった時代には，それに代わる制度として活用されました。たとえば，GがSに対して債権を持っているときに，債権者をGからAに変更するのが債権譲渡ですが，そうではなく，もとの債務を消滅

24　本節について，詳しくは拙著『民法III（第4版）』第3章［二］をご参照ください。

させて，その代わりにAのSに対する債権を新たに発生させる，というのが更改です。新債務ですから，旧債務に付いていた抗弁権などはすべて消える点で債権譲渡と異なります。

　今日では，更改はあまり使われることのない制度です。プロ野球選手がシーズン終了後に行なう「契約更改」がよくニュースになりますので，これを思い浮かべる方がいるかもしれません。しかし，これは新契約の締結であったり契約の更新であって，民法上の更改とは違います。

　民法上の更改とはどんな制度なのか。改正前の民法は，条文を読んでもまったく理解できませんでした。そこで，新513条は，更改とは何かが分かるように書こうとしました。すなわち，「当事者が従前の債務に代えて，新たな債務であって次に掲げるものを発生させる契約をしたときは，従前の債務は，更改によって消滅する」と規定したうえで，３つの場合を挙げています。第1に，「従前の給付の内容について重要な変更をするもの」，第2に，「従前の債務者が第三者と交替するもの」，第3に，「従前の債権者が第三者と交替するもの」。

　改正前よりは分かりやすくなっているのではないでしょうか。更改は，今日ではあまり使われないと書きましたが，従前の債務の抗弁などを全て消してしまう点に有用性があるため，先端的な企業再編（M&A）などで，更改が使われる場面があります。いったんは無用の制度のように考えられていましたが，民法に分かりやすく明文化された結果，今後は，活用の場面が増えてくるかもしれません。

7　有価証券

　すでに述べましたように（⇒第6章2），改正前は債権が証券と一体化している証券的債権についての規定があり，証券的債権は，証券を持っている人が債権者となりますが，普通の債権は債権者が誰であるかがはじめから特定していますので，証券的債権と区別するために指名債権と呼んでいました。

しかし，今日では，証券と一体化した債権はすべて有価証券という概念に含まれており，民法上の証券的債権の規定は意味を失っていました。仮に厳密には有価証券といえない場合も，有価証券の類推で処理されるのが適当です。改正前の民法には指図債権，記名式所持人払債権，無記名債権についての規定が置かれていましたが，これらは，今日では有価証券として規律すべきです。

　そこで，証券的債権の規定は全て削除して，有価証券に関する総則的規定に吸収するのが適当だということになりました。では，新設される有価証券についての総則的規定は民法と商法のいずれに置くべきでしょうか。一般的には，有価証券は商人間の取引で用いられます。しかし，学校債や医療機関債のような債券も有価証券ですが，商事的性質はありません。そこで，商法に総則規定を置くのは適当ではないということになり，民法の債権総則の末尾に，有価証券と題する節（第7節）を新たに設けることになりました（新520条の2から新520条の20まで）。

　具体的には，指図証券，記名式所持人払証券，その他の記名証券，無記名証券について，譲渡，質入れ，弁済，債務者の調査権（新520条の10参照），証券喪失の場合の手続（新520条の11，新520条の12参照）に関する規定を置いています。

第11章 分かりやすい民法──契約総則

1 契約の基本原則

　契約総則（債権編第2章「契約」の第1節「総則」）の改正点としては，すでに述べた解除と危険負担（⇒第7章），債務引受・契約上の地位の移転（⇒第10章3）及び定型約款（⇒第5章）が重要ですが，それ以外としては2つ注目すべき改正があります。第1は，契約の基本原則が明文化されたことです。

■契約自由の原則
　契約総則の冒頭に，契約の基本原則の規定が2ヵ条置かれました。まず，契約自由の原則を宣言する規定です。

　　（契約の締結及び内容の自由）
　　第521条　何人も，法令に特別の定めがある場合を除き，契約をするかどうかを自由に決定することができる。
　　2　契約の当事者は，法令の制限内において，契約の内容を自由に決定することができる。

　契約を締結するかどうか，どのような内容の契約を締結するかは，当事者の自由であるということです。これまでも当然の前提とされてきましたが，条文には書かれていませんでした。当たり前のことだから書く必要がないという人もいますし，明治民法はこの種の原則規定を置いていませんでした。
　しかし，歴史的には契約自由の原則は自明の原則ではありませんでした。いまも世界には，権力者（あるいは独裁的な政党）の判断で，事後的に，契約内容に介入できる国があります。本条は，日本はそのような国ではな

いことを改めて内外に宣言する意味があります。事前に定められている法令の制約をクリアしていれば，事後的に契約の締結や内容について自由を制約されることはありません。これは，日本が自由主義の民法を持っていることを示す，重要な規定だといえます。いわば，外から見ても分かりやすい民法をめざした，といえるでしょう。

　今回の改正では，この種の規定が内閣法制局審査で落とされていたことを考えると，よく生き延びたものだと思います。

■成立と方式

　続いて，契約の成立と方式に関する原則を宣言する規定が置かれました。

　（契約の成立と方式）
　第522条　契約は，契約の内容を示してその締結を申し入れる意思表示（以下「申込み」という。）に対して相手方が承諾をしたときに成立する。
　2　契約の成立には，法令に特別の定めがある場合を除き，書面の作成その他の方式を具備することを要しない。

　1項は，①契約が申込みと承諾の意思表示の合致によって成立すること，及び，②成立するのは承諾をしたときであることを定めています。前者（①）は，これまで当然のこととして規定がありませんでしたが，これを書かないと，何のために申込みや承諾について詳しい規定が置かれているのかが分りません。なお，この規定は任意規定なので，承諾を不要とする合意（申込みの意思表示が到達すれば契約が成立する合意など）は可能です。しかし，その前提として，1項の原則を掲げておく意味があります。

　後者（②）は，これまでの民法の原則を転換する規定です。これまでは，旧526条1項が，「隔地者間の契約は，承諾の通知を発した時に成立する」と定めて，いわゆる**発信主義**を採用していました。契約が承諾の通知を発した時に成立するのか，到達した時に成立するのかをめぐっては，明治民

法の起草段階で対立があり，論争の末に発信主義が採用されました。迅速・確実な契約成立への要請に応える規定のはずでした。しかし，その後の通信技術の進歩は起草者の想定を超えており，今では，迅速に契約を成立させたければ，瞬時に承諾を相手に届けることも可能ですし，その通知が途中で紛失して届かないというリスクもほとんどありません。従って，意思表示の効力発生に関する97条1項に定められた**到達主義**の原則（「意思表示は，その通知が相手方に到達した時からその効力を生ずる」）の例外則をあえて契約成立について設ける必要性はなくなりました。電子契約については特則ですでに到達主義が採用されています（「電子消費者契約及び電子承諾通知に関する民法の特例に関する法律」4条）。

　そこで，今回の改正で発信主義を改め，「承諾」の意思表示によって契約が成立するとだけ定めて（「承諾をしたとき」の「とき」は平仮名ですので，時点ではなく「場合」を意味しています），承諾の効力がいつ生ずるかについては，総則編の新97条1項の適用を受けることとしたのです。

■ 方式自由の原則

　2項は，**諾成主義**の原則を定めたものです。当初の日本民法は世界でも珍しいほど契約の諾成主義（書面や署名などの方式要件を要求しない主義）を採用していました。その後の改正で，若干の方式要件（保証契約における書面要件［446条2項］など）を追加しました。しかし，依然として方式要件の少ない民法であることは変わらず，電子化の時代を先取りしています。そのことを改めて宣言する規定です。

2　契約の成立

■ 隔地者間ルールの改正

　契約総則の注目すべき改正の第2は，契約の成立に関する規律の再整理です。

　改正前の民法は，申込みや承諾の通知の延着や撤回に関して詳しい規

定を置いていました。その際，契約を成立させる当事者を，**隔地者間**と**対話者間**に分けて，民法には隔地者間の規定を置いていました。対話者間については，商人間の契約についてだけ，商法の商行為編総則（商法507条）に規定が置かれていました。

　改正法は，まず，隔地者間と対話者間でルールを分けるという方式はやめて，一般原則に対話者間の特則が置かれるという形に改めました。隔地者間とは，文字通り，申込者と承諾者の間に距離がある場合で，その場合の意思表示の通信手段は郵便を想定していました。そして，郵便には到達が遅れたり，到達しないというリスクが伴うことから，それらの事態が生じた場合に対応するルールが必要とされたのです。なお，電話は，距離が離れていても対話しているので，解釈上，対話者間と扱われていました。

　しかし，その後の通信技術の進展により，通信手段と当事者間の距離は関連しなくなりました。隣人とインターネット経由でメールのやりとりをすることは異例ではありません。他方で，対話者であっても，電話による音声は，発信から到達までの間に障害が生じうる点で，隔地者間の通信と本質的な違いはありません。面談して対話している場合ですら，声が相手に聞こえない事態は生じえます。

　そこで，従来の隔地者間のルールを隔地者に限らない一般原則として規定したうえで，対話者間の規定を新たに設けて，対話が継続している間は申込みを撤回することができること，対話の継続中に承諾がなければ申込みは効力を失うが，対話の終了後も申込みが効力を失わない（つまり承諾によって契約を成立させられる）旨を申込者が表示したときは，この限りではないことを明示しました（新525条2項3項）。これに伴い，「隔地者間」の用語は民法から削除されました（⇒第9章3参照）。

　なお，商法の対話者間の規定（507条）は，申込みを受けたら，直ちに承諾しない限り申込みは効力を失うというものでしたが，対話が継続しているのに，直ちに承諾しなければもう承諾できなくなるというのは合理的ではないので，同規定は削除されて，民法の新設規定が商人間にも適用されることとしました。

■延着・撤回

　このほか，改正前の民法には，承諾の通知や申込みの撤回の通知が延着したときに，通常なら適時に到達していたはずだというときは，通知を受けた側が遅滞なく延着通知をしなければ，通知が適時に到達していたものとみなすという規定が置かれていました（旧522条，旧527条）。しかし，今日では様々な通信手段があり，一定の期間内に確実に到達させたければ，相応のコストを負担することで確実な手段を選択することができます。従って，延着の場合のリスクは発信者が負うべきだと考えられます。そこで，これらの規定は削除されました。

■懸賞広告

　このほか，契約の成立の款には懸賞広告の規定が置かれていますが，確立した解釈ルールを明文化し，分かりやすくするための改正がされました。

第12章 分かりやすい民法——典型契約

　今回の改正では，典型契約の種類と数については変わっていませんが，それぞれの契約類型について大小さまざまな改正がされました。すでに扱った論点もありますが，それ以外の主要な改正点について，契約類型ごとに見ていくことにします。

1　贈与

▪担保責任

　贈与についての改正で重要なのは，担保責任の規定の改正です。旧551条は，贈与者は目的物の瑕疵について責任を負わないとの原則を掲げ，ただし，贈与者がその瑕疵を知りながら受贈者に告げなかったときは責任を負うと規定していました。贈与は無償で財産を与える契約ですから，贈与者の担保責任を軽減すること自体には合理性があります。しかし，瑕疵を知りつつ告げなかったら瑕疵についての責任が生じ，告げれば免責されるというのは説得的ではありません。

　改正法は，売買の売主の担保責任を，契約に適合した目的物を給付する責任と位置づけていますので，それと平仄を合わせ，贈与者が何をすれば契約に適合した給付になるのかという観点から，贈与者の担保責任を軽減するルールを明文化しました。すなわち，贈与者は贈与の目的である物や権利を，「贈与の目的として特定した時の状態で引き渡し，又は移転することを約したものと推定」しています（新551条1項）。

　たとえば，贈与者が飼っている特定の犬を贈与すると約束した場合は，はじめから目的物は特定されていますから，贈与契約の時点の状態で引き渡せばよいことになります。その結果，たとえその犬がもともと病気を持っていたとしても，贈与者は責任を負わず，その病気を贈与者が知っていたか，それを告げたかには左右されません。

　同様に，成功した実業家が，自分の会社用に購入したノートパソコン
が10台余ったので，それを郷里の中学校に寄付することにしたとします。
これも特定物の贈与ですので，特約がない限り，贈与契約をした時点の状
態でパソコンを引き渡せば，贈与者に責任は生じません。

　これに対して，その実業家がパソコン販売店を経営しており，郷里の中
学校との間で新品のパソコンを寄贈すると合意して，自社の倉庫にある商
品であるパソコン10台を贈ったという場合はどうでしょうか。このときの
目的物は種類物であり，仮にそのパソコンに欠陥があったとき贈与者がど
のような責任を負うかについて，改正前の民法の解釈は分かれていました。
改正法によると，パソコンを中学校に引き渡して中学校側が点検（検収）
を終えた時点で特定すると考えられますので，特定前に欠陥が見つかれば，
契約不適合に対する通常の責任を負うことになります。新品のパソコンの
寄贈を受ける中学校の合理的な期待に合致する処理といえるでしょう。

2　売買

■手付

　売買に関する最重要論点は担保責任ですが，これについてはすでに詳し
く述べました（⇒第8章）。それ以外にもいくつかの改正がされましたが，
ここでは手付を取り上げます。

　不動産売買などで使われる手付を，民法は解約手付と位置づけ，手付損
や手付倍戻しに関する規定を置いています。ただし，「当事者の一方が履
行に着手」したときは，もはや手付による契約解除ができないと定めてい
ました（旧557条1項）。この規定については，解除する側が履行に着手し
ただけなら，解除を認めてよいというのが判例でした。新557条1項はた
だし書でこのことを明文化しました。

3　消費貸借

■諾成的消費貸借

　消費貸借契約に関する重要な改正点の第1は，**諾成的消費貸借**が有効であることを認める明文規定を置いたことです。民法は，消費貸借契約は借り手が金銭その他の物を「受け取ることによって，その効力を生ずる」と規定しています（587条）。このため，消費貸借は**要物契約**とされています。しかし，現実には消費貸借の合意に拘束力があるという前提で実務が行なわれています。そこで判例は，お金を貸すという合意をした段階でも，貸し手には貸す義務が生じ，借り手は貸してくれと請求できると解していました。つまり消費貸借の合意も有効な契約であるとされていたわけで，これを諾成的消費貸借と呼びます。改正法はこの確立したルールの明文化であって実質を変更したわけではありません。しかし，明文化の仕方に特色があります。

■無償性に由来する要物契約

　改正前の民法には，要物契約とされる契約類型が3つありました。消費貸借，使用貸借，寄託です。このうち使用貸借と寄託については，要物性は無償性に由来していると考えられます。寄託は今日では有償が普通でしょうが，民法は無償を原則形態として規定しています。タダで使える，タダで預かるという契約であるがために，物を受け取ってはじめて効力が生ずるとされていたわけです。しかし，これらの契約についても，今日では，合意だけの段階で拘束力を認める必要があると考えられていますので，改正法ではいずれも諾成契約に改められました。その代わり，物の引渡しがされるまでは拘束力を弱め，当事者が契約から離脱できるように手当がされました。消費貸借との対比のために，もう少し詳しく見ておきましょう。

　まず，負担を負う側，つまり使用貸借の貸主，無償寄託の受寄者について，過大な負担を負うことにならないように，書面で契約した場合をのぞき解除権を認めました（使用貸借について新593条の2，無償寄託につい

て新657条の2第2項）。書面によるのでない限り，合意の拘束力を弱くするというのは，贈与（新550条）と同じ扱いで，無償契約に共通するルールです。なお，有償寄託契約の受寄者には，約束通り預る義務があり，このような解除権はありません。

　他方，便益を享受する側は，書面があっても離脱の権利があります。つまり，使用借主は必要のない物を借りるのを強いられるのはおかしいし，寄託者も，預ける必要がなくなったのに預けなければならないのはおかしいからです。そこで，使用借主はいつでも契約を解除できることが明示されました（新598条3項）。結論に異論はないものの，改正前は規定がありませんでした。この規律は物の引渡し後だけでなく，引渡し前の段階にも適用されます。寄託者も受寄者が寄託物を受け取るまで自由に契約を解除できます（これは有償・無償を問いません）。ただし，寄託者の解除によって受寄者が損害を受けたときは，寄託者には賠償義務があります（新657条の2第1項後段）。そのときの損害とは何でしょうか。無償の寄託契約の場合は，保管スペースを確保するのに受寄者が費用をかけていたとしても，それを寄託者から回収するつもりはなかったわけですから，賠償責任が生ずる場合はあまり考えられません。賠償責任のルールは主として有償寄託で意味を持つと考えられます。

　以上のように，使用貸借と寄託は，単なる合意でも契約が有効に成立する諾成契約とする代わり，無償の場合は物が引き渡されるまでは契約としての拘束力が弱く，負担を負う側は書面がない限り解除によって契約から離脱できますし，便益を享受する側は，書面があっても，また寄託は有償であっても，解除によって契約から離脱できるのです。

■消費貸借の場合

　これに対して，消費貸借は，使用貸借や寄託とは異なり，書面のない単なる合意による諾成的消費貸借は認められていません。なぜでしょうか。

　消費貸借も，改正前は無償契約が原則形態となっていましたが，要物契約とされる理由は，無償性だけでなく，有償消費貸借（利息を取る場合）

の借り手の保護にもあるとされました。すなわち,法制審議会の部会では,合意だけで消費貸借契約の拘束力を認めると,弱い借主が安易に利息付の消費貸借の約束をさせられてしまい,利息を支払う負担を負わされるという問題があるとの指摘が,とくに弁護士会からされました。

そこで,消費貸借については,有償,無償を問わず要物性の原則を維持したうえで(587条を維持),その例外として,有償,無償を問わずに,書面でする消費貸借の場合に諾成化を認めることにしました(新587条の2第1項)。

つまり,諾成的消費貸借は常に書面が必要です。実務的には,将来のお金の貸し借りの合意は書面を作るのが普通なので,改正法によって実務に影響が生ずることはないと思います。そして,書面による契約ですので,目的物(金銭など)が授受される前であっても,貸主には解除によって契約から離脱する権利はありません。これは,使用貸借の貸主や寄託の受寄者の場合も同じです。使用貸主や受寄者が物の授受以前に契約から離脱できるのは,書面のない場合だけです(かつ,受寄者は無償の場合)。

■ 借主の解除権

他方,諾成的消費貸借の借主は借りる義務を負いますが,使用貸借の借主や寄託の寄託者と同様に,利益を享受する当事者もそれを強制されるべきでありませんから,目的物(金銭など)が授受されるまでは,有償無償を問わず解除によって契約から離脱する権利が認められました(新587条の2第2項前段)。そして,寄託者と同様,解除によって貸主が損害を受けたときは,貸主は借主に賠償を請求できます(同条2項後段)。ただし,やはり寄託と同様,無償の消費貸借では損害はほとんど想定できず,損害賠償責任はもっぱら有償の消費貸借で意味を持ちます。

では,その場合の損害とは何でしょうか。金銭を想定すると,貸付ができなくなることにより貸付期間内の利息が取れなくなりますが,通常は別の借り手に貸すことで利息を得ることができますので,利息相当額が当然に損害になるわけではありません。想定されている損害とは,巨額の貸付

合意がされて，その資金調達のために貸主が特にコストをかけていたような場合の調達費用などです。

　ちなみに，同じく貸借型の契約でも，従来から諾成契約とされてきた賃貸借では，目的物の引渡し前の借主の解除権は議論の対象になっていません。バランスを失するようにも見えますが，これはそれぞれの契約が社会において果たしている機能の違いに由来します。ただし，不動産賃貸借においては，実務上は，手付を使うことによって契約を解除する権利が確保されています。

■ 消費貸借の予約

　改正前の消費貸借の節には，消費貸借の予約についての規定が置かれていました（当事者が破産したときは効力を失うという規定。旧589条）。しかし，要物契約である消費貸借の予約とは，実質的には諾成的な消費貸借の合意に近い機能を果たすと考えられます。このため，諾成的な消費貸借が認められた以上，もはやその意味は失われているということで，改正法には予約の規定は置かれていません。

　ただし，有償の消費貸借については売買の規定が準用されますから（559条），売買の一方の予約（556条）と同様に，有償の諾成的消費貸借においては予約が可能です。たとえば，実務で広く使われている**コミットメントライン契約**[25]はその種の予約であると考えられています。

■ 貸主の担保責任

　改正前は，消費貸借の貸主の担保責任について，次のような規定が置かれていました。まず，利息付の消費貸借（有償消費貸借）については，貸主は隠れた瑕疵があれば，瑕疵のない物に取り替える義務があり，損害が生ずれば賠償責任を負います（旧590条1項）。他方，無利息の消費貸借（無償消費貸借）については，貸主が瑕疵を知りながら借主に告げなかったと

25　信用供与枠契約（法令上は特定融資枠契約）とも呼ばれ，金融機関と予め合意した金額の枠の範囲内で必要に応じて資金を調達できる契約。拙著『民法Ⅲ（第4版）』76頁参照。

きは，貸主は有償消費貸借と同じ責任を負いますが，そうでない限り責任はなく，借主は，同じ瑕疵のある物の返還は難しいので，物ではなくその価額を返還すればよいとされていました（同条2項）。

改正により，有償契約の基本となる売買に，瑕疵のない物を給付する義務や損害賠償責任等，目的物が契約に適合しない場合の規律が整備されました。これが有償消費貸借にも準用されますから（新559条），消費貸借に重ねて規定を置く必要はなく，有償消費貸借に関する旧590条1項は削除されました。

無償の場合の旧規定は，無償契約の基本となる贈与における贈与者の担保責任の内容と同じでした。今回の改正で，贈与契約の贈与者の担保責任の内容が改正されましたので（⇒本章1），無償の消費貸借の貸主の担保責任は，新たな贈与者の担保責任に揃えるのが適切です。そこで，贈与の規定が準用されています（新590条1項）。

なお，改正前の無償消費貸借に関する買主の価額返還の規定は，有償の場合も含めて合理性がありますので，利息の定めの有無を問わず適用される規定とされています（新590条2項）。

ところで，規定の見出しを見ますと，「貸主の担保責任」と題されていた旧590条は，新590条では「貸主の引渡義務等」とされました。これは，「贈与者の担保責任」と題されていた旧551条が「贈与者の引渡義務等」（新551条）となったのに揃えたものです。どのような状態の物を引き渡す義務があるか，という観点から規定が置かれたことによります。

■借主からの返還

消費貸借は，借りる必要がなくなった目的物を借主がいつでも返還できる点に，賃貸借と較べての特色があります。諾成的消費貸借における，目的物引渡し前の借主の解除権についてはすでに述べましたが（新587条の2第2項），目的物を受け取ったあとも，返還時期の定めの有無を問わず借主はいつでも返還できます（新591条2項。改正前と同趣旨です）。ただし，返還時期の定めがある場合に，期限前に返還したことによって貸主が

損害を受けたときは，借主に賠償請求できます（新591条３項）。

　損害賠償の規定は，目的物引渡し前の解除と同趣旨ですが，損害の内容については，従来から意見が分かれています。有償の場合（利息の定めがある場合）は期限までの利息相当額が損害だとの理解もありますが，貸主には返還された金銭等を他に貸し付けるなどの運用をすることが合理的に期待されますので，それが可能である限り損害は生じません。貸主に有利な利率とすることを条件に貸主がコストをかけて資金を調達していたような場合で，同様な条件で他で運用することが困難な場合に，可能な運用益との差額が損害とされる可能性はあるでしょう。

4　使用貸借

■使用貸借の機能

　使用貸借は，貸主から無償で物を借りて，それを使用収益できる契約です。たとえば，友人からちょっと自転車を借りる，といった場合の法律関係ですが，そのような事例は法的な紛争になることはありません。紛争になりうる場面のひとつは，相続財産がらみの事案です。

　被相続人と同居して被相続人の営んでいた家業を手伝っていた相続人の１人が，遺産分割までの間その建物に住み続けるのは，他の相続人が貸主となる使用貸借だとして，家賃の支払義務はないとした判例があります（最判平成８年12月17日民集50巻10号2778頁）。なお，同居していたのが配偶者であった場合に，その居住の権利をさらに保護するため，2018年の相続法改正で，**配偶者短期居住権**という制度が設けられました（1037条以下参照）。そこでは使用貸借の規定も準用されています（1040条２項，1041条参照）。このほか，企業間においても，ある財産を無償で使用させるという関係が生ずる場合に，使用貸借が用いられることがあります。従って，それなりに経済合理的な判断に基づいて利用されうる制度であるため，改正で規定の整備が図られました。

■改正法の内容

　まず，改正前は**要物契約**でしたが，諾成契約となったのはすでに述べた
とおりです（新593条）。

　また，すでに解説しましたように，目的物を受け取るまでは，書面によ
る使用貸借でない限り，貸主は契約を解除できます（新593条の2）。目的
物が契約に適合しない物であった場合の担保責任は，無償消費貸借と同様
に，贈与の規律が準用されています（新596条）。

　使用貸借の終了について，改正前は，貸主はいつ目的物の返還の請求が
できるか，借主はいつ返還義務を負うかという観点から規定を置いていま
した（旧597条）。事実上続いている関係を打ち切る，というニュアンスが
あります。しかし，期間の定めがあれば期間の満了によって，使用収益の
目的が定まっているときは目的に従った使用収益を終えることで，終了す
るのは旧法の定め通りですが（新597条），それ以外の場合は，契約関係で
ある以上，一方的に終了させる原因は契約解除として位置づけるべきです。
そこで，どのような場合に解除権が行使できるか，という観点からの規定
に改められました（新598条）。

　終了時の原状回復については，改正前は，「借主は，借用物を原状に復
して，これに附属させた物を収去することができる」（旧598条）と，原状
回復と収去の権利が書かれ，それが賃貸借に準用されていました（旧616
条）。改正法では，原状回復と付属物の収去が義務であることがはっきり
分かるように書き改めました（新599条）。その際に，借用物を受け取った
後に生じた損傷については，損傷が借主の責めに帰することができない事
由によるものであるときを除いて，借主は原状に復する義務を負うとして
います（同条3項）。これがあるべき原則といえますが，原状回復に関す
る規定の多くが賃貸借に準用されているにもかかわらず，この原則規定は
準用されず，賃貸借では，のちに見るとおり，**通常損耗**に関する独自の規
律を置いています。使用貸借についても同様な扱いをするべきかどうかが
検討されましたが，使用貸借が用いられる場面は様々であるため，賃貸借
と同様な扱いが適当ではない場合もあるとされ，通常損耗の扱いについて

は規定を置かず，個々の使用貸借契約の解釈に委ねることとされました。

5　賃貸借

■存続期間

　改正前は賃貸借の存続期間の上限が20年に制限されていました（旧604条）。しかし，借地借家法の適用される借地の存続期間は原則として30年以上とされ，また同法の適用される借家については，20年の制限が排除されています（借地借家法29条2項）。また，借地借家法の適用されない借地，たとえばゴルフ場の敷地の借地や太陽光発電のパネル設置のための借地は20年では短かすぎるといわれていますし，その他動産の賃貸借についても，あえて上限を画する必要性はないと思われます。

　そこで，改正では上限を撤廃することが検討されました。しかし，内閣法制局の審査で上限を置くよう指示され，永小作権の上限である50年（278条）を参考に，50年を上限とすることとされました（新604条）。実務的にはそれで足りるかもしれませんが，あえて上限を置く必要があったかどうか，疑問も残ります。

■賃貸不動産の譲渡

　賃貸不動産が譲渡されたとき，賃借権に対抗要件が具備されていると，賃借権を不動産の新所有者に対抗することができます。これは賃貸人の地位という契約上の地位の移転ですが，賃借人の同意なしに当然に移転が生ずると解されています。ただし，新所有者が賃貸人として賃料を請求するには不動産の移転登記が必要だというのが判例です。改正法は以上のルールを明文化しました（新605条の2第1項第3項）。

　賃借権が対抗要件を備えていない場合も，賃貸不動産の譲渡人と譲受人が合意すれば，賃借人の同意なしに，賃貸人の地位を譲受人に移転させることは可能とされています。このことも明文化しました（新605条の3）。

　以上は判例の明文化ですが，判例が解決できなかった問題を改正で解決

した規定もあります。

　オフィスビルの賃貸ビジネスに投資を呼び込む手法のひとつとして，不動産所有権を元の所有者Aから信託銀行Bに信託譲渡し，賃貸人の地位をAに留保する合意をするという手法があります。これはBから信託受益権を購入する形で投資をする投資家が，修繕義務や費用償還義務などを負う賃貸人の地位に立つことを回避するための工夫です。しかし，最高裁は，ABの合意で賃貸人の地位をAに留保することを認めると，賃借人Cは「建物所有権を有しない転貸人との間の転貸借契約における転借人と同様の地位に立たされることとなり，旧所有者がその責めに帰すべき事由によって右建物を使用管理する等の権原を失い，右建物を賃借人に賃貸することができなくなった場合には，その地位を失うに至ることもあり得るなど，不測の損害を被るおそれがある」として，賃貸人の地位の留保を認めませんでした（最判平成11年3月25日判時1674号61頁）。

　しかし，これでは信託による不動産への投資スキームが使いにくくなるため，改正法は，Aを転貸人とする転貸借関係を発生させたうえで，「譲渡人（A）と譲受人（B）又はその承継人との間の賃貸借が終了したときは，譲渡人に留保されていた賃貸人たる地位は譲受人（B）又はその承継人に移転する」という規律を加えて，賃貸人の地位の留保を認める規定を置きました（新605条の2第2項）。

　もとの賃借人Cは転借人の地位になりますが，転貸人Aが離脱しても不動産所有者B（Aに対する賃貸人）がCに対する直接の賃貸人となることを法定して，Cの地位を保護したのです。

■妨害排除請求権

　不動産の賃借人は，対抗要件を備えているときは，不動産の不法占有者に対して，妨害排除を請求できるというのが従来の判例です。改正法はこれを明文化し，第三者が賃借人の占有を妨害しているときは妨害の停止を，第三者が不動産を占有しているときは，返還の請求ができる旨明示しました（新605条の4）。

■終了時の原状回復

　賃貸借契約が終了する際の原状回復については，改正された使用貸借の規定を準用して，法律関係の明確化が図られました。

　賃貸借に関して特に重要なのは，原状回復に際して，いわゆる**通常損耗**については原状回復義務を負わないことを明記したことです（新621条）。すなわち「通常の使用及び収益によって生じた賃借物の損耗並びに賃借物の経年変化」が原状回復義務から除外されています。マスコミなどでは，この点が改正法の特色として取り上げられることがありますが，これは判例（最判平成17年12月16日判時1921号61頁）がすでに認めていたことの明文化です。そして，このルールは，賃貸人の犠牲において賃借人を保護しているのではなく，通常損耗の原状回復費用は，通常は賃料の中に織り込まれていることを根拠としています。従って，通常損耗の原状回復費用を賃料に織り込まず，退去時に賃借人が負担するようにしたければ，その旨を契約で明示しなければならない，ということです。

■敷金

　敷金の授受は不動産の賃貸借において実務上普通に行なわれているにもかかわらず，民法には敷金の定義もなく，返還時期，返還すべき金額など基本的なルールが定められていません。すべて判例でルールが形成されてきたのです。改正では，これを明文化することとしました（新622条の2）。この点も，マスコミなどで敷金についてのルールの新設という言い方がされることがありますが，ルールそのものは判例法として存在していたのです。

　まず，敷金の意義について，「いかなる名目によるかを問わず，賃料債務その他の賃貸借に基づいて生ずる賃借人の賃貸人に対する金銭の給付を目的とする債務を担保する目的で，賃借人が賃貸人に交付する金銭」と定義されています。そして，①賃貸借が終了し，賃貸人が賃借物の返還を受けたとき，または②賃借人が適法に賃借権を譲り渡したときには，賃貸人は賃借人に，受け取った敷金から賃貸借に基づいて生じた賃借人の金銭債務額（不払賃料など）を控除した残額を返還しなければならないものと規

定しました（同条1項）。

　賃貸借契約継続中も，賃貸人は，賃借人が賃貸借に基づいて生じた金銭債務を履行しないときは，敷金を充当できますが，賃借人の方から充当せよと請求できません。これも判例が形成したルールであり，改正で明文化されました（同条2項）。

　なお，賃貸不動産が譲渡された結果，賃貸人の地位が新所有者に移転した場合は，敷金返還債務も新所有者に承継されます（新605条の2第4項，新605条の3後段）。これも判例の明文化です。

6　役務提供型の契約に共通の改正

■役務（サービス）提供

　民法に規定されている13種類の典型契約のうち，雇用，請負，委任，寄託は，物の引渡しではなく役務（サービス）の提供を内容とする契約です。それぞれに違いも大きいですが，役務提供型という点での共通点もあります。

　今回の改正では，各契約類型に固有の改正点のほか，役務提供契約に共通の改正もされました。まず，共通の改正からみていきます。

■中途終了と報酬

　雇用は労務を提供する契約，請負は仕事を完成させる契約，委任は契約締結などの事務の処理を委託する契約，寄託は物の保管というやや特殊な事務を処理する契約です。いずれも，債務の履行が一定の期間継続して行なわれますので，契約で想定されていた期間が経過する前に，中途で役務の提供ができなくなる事態が生じることがあります。その場合の報酬の支払について，共通の改正が行なわれました。

　すなわち，何らかの事情で履行が不可能になったり，契約が解除などにより終了した場合の規律として，改正前の民法には，委任について次のような規定が置かれていました。

　「委任が受任者の責めに帰することができない事由によって履行の中途

で終了したときは，受任者は，既にした履行の割合に応じて報酬を請求することができる。」（旧648条3項）

　この規定は寄託には準用されていましたが（旧665条），雇用，請負には中途修了の際の報酬に関する規定がありませんでした。

■改正法の内容

　そこで，改正では，どの契約についても規定を置くことにしましたが，そもそも，委任に置かれていた規定の内容には疑問がありました。この規定によると，委任契約が受任者の責めに帰すべき事由によって中途で終了した場合が除外されています。しかし，中途終了の原因となった責めに帰すべき事由については債務不履行による損害賠償の責任を負うにしても，それまでに行なわれた正常な事務処理に対する報酬まで失ってしまうのは行きすぎだと思われます。そこで，たとえ受任者の責めに帰すべき事由によって中途で終了した場合も，履行の割合に応じた報酬の請求ができる旨規定することとしました。

　他方，委任者の責めに帰すべき事由によって履行ができなくなった場合は，履行の割合に応じた報酬ではなく，危険負担の536条2項によって報酬全額の請求ができます。そこで，この場合を除いて，新648条3項1号は，「委任者の責めに帰することができない事由によって委任事務の履行をすることができなくなったとき」に，既にした履行の割合に応じて報酬を請求できると定めました。当事者双方に帰責事由のない場合と受任者に帰責事由がある場合を含んでいます。

　この規定は，履行が不能となった場合をカバーしていますが，契約が中途で終了したけれど履行が不能となったわけではない場合をカバーするために，同項2号で「委任が履行の中途で終了したとき」に割合的な報酬が請求できることとしています。

　この規定が，寄託について準用されます（新665条）。雇用についても，新624条の2にまったく同じ内容の規定が新たに置かれています。

　このように雇用と委任で規律が揃えられた背景には，事務処理を頼まれ

た人が自分の裁量で仕事をする場合が委任で，頼んだ側のコントロールを受けながら仕事をするのは雇用という区別がされますが，実際には，委任と雇用の区別が困難な場合も増えているため，両者で規律が異なるのはおかしい，という事情があります。

■ 請負の場合

　請負については，中途で解除された場合の報酬の支払に関して，判例法が存在します。すなわち，最判昭和56年2月17日[26]は請負人の債務不履行を理由に請負契約が解除された事案について，「建物その他土地の工作物の工事請負契約につき，工事全体が未完成の間に注文者が請負人の債務不履行を理由に右契約を解除する場合において，工事内容が可分であり，しかも当事者が既施工部分の給付に関し利益を有するときは，特段の事情のない限り，既施工部分については契約を解除することができず，ただ未施工部分について契約の一部解除をすることができるにすぎないものと解するのが相当である」と述べています[27]。

　このように，請負の場合は，仕事の割合に応じた報酬を請求するためには，委任や雇用にはない要件が課されています。改正法はこれを明文化するために，次のように定めています。

　まず，請負契約は，仕事の完成を約束するもので，仕事の結果に対して報酬が支払われますので（632条），仕事の完成が報酬請求の要件となります。そこで，新634条は，①注文者の責めに帰することができない事由によって仕事を完成することができなくなったとき（1号），及び②請負が仕事の完成前に解除されたとき（2号）には，「請負人が既にした仕事の結果のうち可分な部分の給付によって注文者が利益を受けるときは，その部分を仕事の完成とみなす」と規定して，可分な部分についての報酬請求権の発生を基礎づけ，続いて，「この場合において，請負人は，注文者が受

26　判時 996 号 61 頁。
27　旧 641 条に基づき請負契約が解除された事案について，大判昭和 7 年 4 月 30 日民集 11 巻 780 頁も同旨。

140

ける利益の割合に応じて報酬を請求することができる」と定めています。

　以上が，役務提供型の契約に共通の改正です。以下の7〜9では，役務
提供型の各契約固有の改正事項について見ていくことにします。なお，雇
用については，626条（期間の定めるのある雇用の解除）と627条（期間の
定めのない雇用の解約申し入れ）に若干の改正がされましたが，本著では
省略します。

7　請負

■634条の削除

　請負に関する改正で最も大きな点は，担保責任に関する規定が大幅に削
除されたことです。

　まず，改正前の634条には，仕事の目的物に瑕疵があるときは，注文者
は修補の請求ができるけれど，瑕疵が重要でなく修補に過分の費用を要す
るときはこの限りでないという規定が1項に置かれ，2項で，注文者は瑕
疵の修補に代えて，または修補とともに損害賠償の請求ができること，こ
の場合に同時履行の抗弁権の533条が準用されることが定められていまし
た。改正法ではこの規定が削除されました。

　その理由は，売買の節に修補請求権（追完請求権）が規定され（新562
条），また損害賠償請求権や解除権についても手当てされ（新564条），こ
れが他の有償契約に準用されるので（559条），重ねて規定する必要がない
ということにあります。しかし，4点ほど注意を要する点があります。

　第1に，改正前は「瑕疵が重要でない場合において，その修補に過分の
費用を要するとき」は修補請求ができないとされていました（旧634条1項
ただし書）。改正後は，新412条の2の履行不能の規定で処理されることに
なります。すなわち，契約及び取引上の社会通念に照らして「不能」と評
価されるときには修補を請求できません。マイナーな瑕疵の修補に多額の
費用がかかるという場合は，契約または取引上の社会通念に照らして修補

を期待すべきではない場合（つまり実質的な意味で不能と評価すべき場合）といえますから，文言は変わりましたが実質は変わらないと思います。

第2に，改正前の634条は「修補」という文言を用いていますが，たとえば自動車会社の下請業者が依頼された形状の部品を製作して自動車会社に納品する，という制作物供給契約的な請負では，不適合品があった場合に，修補ではなく代替物による履行の追完を認めても差し支えない場合があります。売買の規定の準用で処理されると，このような場合に，柔軟な「履行の追完」を求めやすくなります（新562条）。

■ 修補に代わる損害賠償

第3に，改正前は「瑕疵の修補に代えて」損害賠償を請求することが常にできることになっていました。これを，履行に代わる損害賠償である**填補賠償**であると理解すると，改正法では新415条2項の「履行に代わる損害賠償」の規定が適用されることになります。そうすると，履行（修補）が不能な場合（履行拒絶を含む）または解除権が発生する（あるいは解除された）場合にしか損害賠償請求ができないことになり，修補に代えての損害賠償の要件が改正前より厳しくなりそうです。

これについては，そもそも損害賠償を請求する際には，まず修補の催告をすべきなのだと考えて，そのような解釈をとることも考えられます（催告解除の要件を満たした段階で損害賠償が請求できます）。他方，旧法を維持しようとすると，次のように考えることになります。新415条2項の填補賠償は履行がまったくない場合に履行の代わりに損害賠償を請求する場合であるのに対し，旧634条の修補に代わる損害賠償は，契約への適合性が欠けているとはいえ履行がなされている場合にそれを補う損害賠償なので，2項の填補賠償とは異なる。このように解すると，新415条1項の債務不履行による損害賠償一般のルールが適用されることとなり，改正前と同様に直ちに損害賠償請求できることになります。これが立案担当者の理解です[28]。

28　筒井健夫＝村松秀樹編著『一問一答　民法（債権関係）改正』（商事法務，2018年）340頁。

■同時履行の抗弁権

　第4に，改正前の634条2項は，同時履行の抗弁権を定めた旧533条を準用し，瑕疵を理由とする損害賠償請求権について，請負報酬債権と同時履行の関係に立たせていました。しかし，この規定は削除されて新533条にその趣旨が書きこまれました。すなわち，同条は，双務契約の一方当事者は相手方が「その債務の履行」の提供をするまでは自己の債務の履行を拒むことがきるという改正前の規定を引き継ぎつつ，「その債務の履行」に括弧書を加え，「(債務の履行に代わる損害賠償の債務の履行を含む。)」という文言を加えました。

　改正前の634条2項については，注文者は請負人から修補に代わる損害の賠償を受けるまでは報酬全額の支払を拒めるという重要な判例がありますが（最判平成9年2月14日民集51巻2号337頁），この判例の根拠となる規定が533条の括弧書きに移ることになります。

　ところが，改正前の634条2項の実質は改正後も維持されているというためには（それが立案担当者の理解です），新533条にいう「履行に代わる損害賠償」が旧634条の「修補に代えて」の損害賠償を含んでいると読むことになります。しかし，第3で述べましたように，旧634条2項の損害賠償の要件を改正後も維持するためには，新415条2項の「履行に代わる損害賠償」が旧634条2項の「修補に代えて」の損害賠償を含まないものと解する必要があります。少々分かりづらい解釈かもしれません。

■635条の削除

　改正前の635条は瑕疵を理由とする注文者からの解除権について，①「契約をした目的を達することができないとき」という要件を課したうえで，ただし書で，②「建物その他の土地の工作物」については瑕疵を理由とする解除権を排除していました。改正によりこの規定が削除されました。

　まず，①については，債務不履行解除の一般原則に関する新たな規律（新541条〜新543条）に委ねられることになります。その結果，改正前は，瑕疵によって契約目的が達成できなければ無催告で解除できましたが，改正

法では，修補が可能である限り，解除をするためには相当の期間を定めて
履行の催告をすることが必要となります（新541条）。これは合理性のある
ルールだと思われます。無催告で解除できるのは，修補が不能である場合
（または履行を拒絶する意思を明確に表示した場合）で，契約をした目的
を達することができないときです（新542条1項3号）。

　すでに解説しましたように（⇒第7章），改正法は債務不履行解除につ
いて，催告解除と無催告解除で異なった要件を用いるという二元的な構成
を採用しています。その結果，修補が可能な場合に相当の期間を定めて修
補を催告し，催告期間経過後の状態が，契約及び取引上の社会通念に照ら
して軽微といえないならば，たとえ契約目的が達成できる場合でも解除で
きます。これは，少なくとも文言上は改正前の635条の変更といえます。
もっとも，修補を催告しても軽微でない不履行が残っていれば，通常は，
契約目的を達成できないと評価できる場合が多いでしょうから，実質的に
は違いはほとんどないと言ってよいかもしれません。

　次に，②（土地工作物についての解除権排除）については，立法論とし
て批判が多く，判例（最判平成14年9月24日判タ1106号85頁）も，建物
に重大な瑕疵があるために建て替えざるを得ない場合には注文者は建替費
用の賠償を請求できると判示していました。これは，実質的に解除を認め
るに等しいので，改正前の635条ただし書は判例によってすでに修正され
ていたといえます。そこで，ただし書きの限定は廃止されました。

■ 担保責任の期間制限

　担保責任の期間制限について，改正前の民法は，売買とは区別した請負
独自の規律を置いていました。しかし，あえて独自の期間制限を置く合理
性は乏しいとして，改正により廃止されました。

　まず，改正前の637条は，原則として，請負人の担保責任を引渡しから
1年に制限した上で，改正前の638条が建物その他の土地の工作物につい
て，5年ないし10年に延長する規定を置き（1項），さらに瑕疵による滅失・
損傷が生じたときは，滅失・損傷から1年という期間制限を置いていまし

た（2項）。

　そのうえで，改正前の639条は旧637条及び旧638条の期間制限を消滅時効期間内（10年）に限り契約で伸長できるという特則を置いていました。

　なんとも複雑ですが，今日では，このような複雑な特則を置く必要があるとは考えられません。

■改正法の内容

　そこで，新637条は，請負人の担保責任の期間制限について，基本的に売買と同じ規律（新566条参照）を置きました。すなわち，注文者がその不適合を知った時から1年以内にその旨を請負人に通知しないときは，注文者は，その不適合を理由として請負人の担保責任を追及できません（1項）。

　そして，土地工作物の特則を置く旧638条は削除されました。請負一般に売買と同様の規律が適用される結果，引渡しの後，契約不適合（瑕疵）を知らないうちに短期の権利行使期間が経過するということはなくなりましたので，もはや一般の消滅時効とは別に，このような権利行使期間の特則を置く意味がなくなったからです。

　また，旧639条が請負の担保責任の期間の伸長を認める規定を置いていたのは，旧637条の請負の担保責任の期間が短く，期間を伸ばすニーズが高いと考えられることから，それが可能である旨を注意的に定めるためでした。しかし，もはやそのような確認規定を置く必要はなくなりましたので，旧639条も削除されました。

　さらに，改正前の640条には，担保責任を負わない旨の特約をしたときでも，請負人が知りながら告げなかった事実については責任を免れないとの規定が置かれていました。しかし，同じ趣旨の規定が売買の新572条（旧規定と実質は同じ）にあり，これが準用されますので，不要であるとして削除されました。

　以上のような次第で，担保責任についての請負の規定はばっさりと整理されることになったわけです。

8 委任

■成果完成型の委任

委任契約に固有の改正点を2つとりあげます。

第1が，成果完成型の報酬についての規定新設です。

委任の報酬は，本来，委任事務の処理に対して支払われます。委任事務を処理すればよく，何らかの成果がなし遂げられるかどうかは問題ではありません。たとえば，準委任（事実行為の委任）の例ですが，医師は治療に最善を尽せばよく，病気を治すという結果によって報酬を得るのではありません。委任契約が中途で終了した場合も，それまでの仕事に対して報酬を請求できます（新・旧648条3項）。しかし，委任の中には，弁護士の成功報酬のように，一定の成果（訴訟に勝つことなど）が達成されればそれに対して報酬を支払うというタイプの合意がされることがあります。今回の改正ではこれについても規定を置きました。

典型は，委任事務の履行により得られる成果に対して報酬を支払う約定があり，かつ，成果の引渡しを要する場合です。この場合の報酬（成功報酬）についての利益状況は，請負と類似しています。そこで，新648条の2は，報酬の支払時期について，「その成果が引渡しを要するときは，報酬は，その成果の引渡しと同時に，支払わなければならない」と，請負に関する633条と同様の規律を置きました（1項）。成果の引渡しを要しないときは，成果が完成した後に報酬を請求することができます（新648条2項の適用）。

成果完成型の委任において，成果を完成することができなくなったとき，または成果の完成前に委任が終了したときの報酬についても，請負と同じ規律が妥当しますので，新648条の2第2項が請負の新634条を準用しています。すなわち，委任事務の履行による成果のうち，可分な部分の給付を受けることについて注文者が利益を有するときに限り，注文者が受けた利益の限度において受任者は報酬を請求できます。

■任意解除権

第2は，任意解除権の要件に判例法を反映させたことです。

委任契約は当事者間の信頼関係を基礎としていますので，相手を信頼できなくなれば，契約を維持する意味がありません。そこで改正前の651条1項は，「委任は，各当事者がいつでもその解除をすることができる」と，当事者の任意解除権を規定していました（この規定自体は改正後も維持されています）。

判例は，当初，この任意解除権に条文にない制約を課し，受任者の利益をも目的とした場合は，委任者は任意解除権を行使できないとしていました。しかし，その後，最判昭和56年1月19日[29]が方向転換し，解除権自体を放棄したものと解される場合でない限り，解除は認めた上であとは損害賠償で調整するという立場を採用しました。改正ではこの判例法を明文化することとなり，新651条2項2号は，委任が受任者の利益をも目的とするときに，委任者が解除したときは，受任者に生じた損害を賠償しなければならないという前記判例法理を明文化し，同時に，委任が有償であるというだけではその委任が受任者の利益をも目的とするものとはいえないとする判例法理[30]を括弧書きで明示しました（なお，新651条2項1号は改正前の旧651条2項と同趣旨です）。

9　寄託

寄託契約に関する改正事項のうち，特色のあるものとして，混合寄託と消費寄託を取り上げます。

■混合寄託

混合寄託（以前は**混蔵寄託**とも呼ばれていました）とは，受寄者が，寄託を受けた代替性のある寄託物を，他の寄託者から寄託を受けた種類及び

29　民集35巻1号1頁。
30　最判昭和58年9月20日判時1100-55。

品質が同一の寄託物と混合して保管し，寄託されたのと同数量のものを返還する特殊な寄託です。混合寄託は，寄託物と同一の物を返還する義務を負わない点で通常の寄託とは異なり，消費寄託に類似しますが，寄託物を受寄者が消費することができるわけではない点で消費寄託と異なります。

混合寄託は，民法に規定はありませでしたが，解釈上認められていました。異なる寄託者の寄託物を混合して保管することによって，寄託物を分別して保管するための場所やコストを軽減できることから，石油や天然ガス，穀物などの寄託で実務上利用されています。

改正民法は混合寄託についての規定を新設しました。新665条の2第1項は，混合寄託が，種類及び品質が同一の物が寄託された場合に成立するということに加え，混合寄託の要件として全ての寄託者の承諾を得ることが必要だという一般的な理解を明文化しています。また2項は，寄託物の返還に関する異論のない規律を明文化しました。すなわち，「寄託者は，その寄託した物と同じ数量の物の返還を請求することができる」とされています（2項）。

では，石油タンク中の石油1万キロリットルの中にA会社の石油が3000キロリットル混合寄託されていたが，石油の一部が何らかの事情で滅失し，タンクの石油が6000キロリットルに減ってしまったらどうなるのでしょうか。新665条の2第3項がこれについて，やはり異論のないルールを明文化しています。すなわち，混合して保管されている総寄託物に対する寄託した物の割合（10分の3）に応じた数量（1800キロリットル）の物の返還を請求することができ，残りは損害賠償請求できます。

■ 消費寄託

受寄者が寄託物を消費できるのが消費寄託です。改正前の民法は，消費寄託について，寄託物の返還に関する規律の一部（旧591条1項）を除き，基本的に消費貸借の規定を準用していました（旧666条）。消費寄託は，受寄者が同質・同量の物の返還義務を負うという点で消費貸借と類似しているからです。

　ところで，今日の社会で消費寄託の典型といえば，金銭の消費寄託であ
る預貯金ですが，同じ消費寄託でも，金銭とその他の物とで相当に性格が
違います。たとえば，石油や天然ガス等の大規模な備蓄施設を必要とする
種類物を寄託する消費寄託においては，期間の定めがあればその間受寄者
は保管の義務を負うと考えるべきで，相手の損害を賠償すればいつでも返
還できるという消費貸借の規定（新591条2項3）を適用するのは適当
ではありません。むしろ，通常の寄託契約と同様，受寄者はやむを得ない
事由がなければ期限前に返還できないと考えるべきです（新・旧663条2
項）。

　また，寄託者からの返還請求についても，消費貸借のルールでいくと，
期限の定めがあるときは，寄託者（預金債権者等）は自由に返還を求める
ことはできませんが，石油等の消費寄託については，返還時期の定めがあ
る場合であっても，寄託者は自由に目的物の返還を請求することができる
とされることが一般的であり，この点でも寄託の規律が妥当します（新・
旧662条1項）。

　このように，消費寄託について，一つの類型を念頭に置いて規律を設け
ることは困難となっています。そこで，改正法では，消費寄託について，
預貯金とそれ以外とで区別して規定を置きました。

　すなわち，新666条は，1項で，消費寄託の受寄者は「寄託された物と
種類，品質及び数量の同じ物をもって返還しなければならない」という基
本的効果を定めた上で，2項は，消費寄託の成立と目的物の返還に関する
規律について，預貯金以外を想定して，寄託の規定に従うこととしていま
す。その結果，返還時期の定めがある場合には，受寄者はやむを得ない事
由がない限り，返還時期前に返還をすることができません。これは主とし
て寄託者のために用いられる消費寄託一般に妥当する規律です。

　しかし，預貯金契約については，3項が，消費貸借の規定を準用する改
正前の規律を維持する特則を置いています。これにより，定期預金でも銀
行は期限前弁済ができ，従って，貸付債権との相殺が可能となるのです。
このことは銀行取引約款にも書いてありますが，その根拠となる規定を民

法にも置いたわけです。

10　組合

　残りの典型契約のうち，組合についても多くの改正が行なわれました。詳細は省略しますが，解釈上異論のなさそうなルールを明文化する規定が置かれました。とくに，組合の業務執行について，改正前の民法には，やや漠然とした規定があるだけでしたが，改正法は，業務についての意思決定とその執行を分けて規定し（新670条），さらに執行についても，代理行為が関わる場合について，明文の規律を置きました（新670条の2）。

索引

■著者紹介

内田 貴（うちだ　たかし）

略歴

1954年　　大阪に生れる
1976年　　東京大学法学部卒業
1992年　　東京大学教授
2007年　　法務省参与
現在　　　東京大学名誉教授・早稲田大学特命教授・弁護士・
　　　　　一般財団法人民事法務協会会長

主要著書

『抵当権と利用権』1983年，有斐閣
『契約の再生』1990年，弘文堂
『契約の時代』2000年，岩波書店
『民法Ⅳ　補訂版　親族・相続』2004年，東京大学出版会
『民法Ⅰ　第4版　総則・物権総論』2008年，東京大学出版会
『債権法の新時代』2009年，商事法務
『制度的契約論』2010年，羽鳥書店
『民法Ⅱ　第3版　債権各論』2011年，東京大学出版会
『民法改正』2011年，ちくま新書
『民法改正のいま』2013年，商事法務
『法学の誕生』2018年，筑摩書房
『民法Ⅲ　第4版　債権総論・担保物権』2020年，東京大学出版会

改正民法のはなし

2020年4月20日　初版第1刷発行

著　者　　内田　貴
発行者　　内田　貴
発行所　　一般財団法人 民事法務協会
　　　　　〒101-0047
　　　　　東京都千代田区内神田1-13-7 四国ビル7階
　　　　　TEL0570-011-810　FAX03-3295-5058
　　　　　URL：//www.minji-houmu.jp/
発　売　　一般財団法人 東京大学出版会
　　　　　〒153-0041
　　　　　東京都目黒区駒場4-5-29
　　　　　TEL03-6407-1069　FAX03-6407-1991
制　作　　株式会社マップス

ISBN　978-4-13-033206-4